东莞"双万"新起点社会科学丛书

东莞产城发展研究

RESEARCH ON DONGGUAN'S INDUSTRY AND URBAN DEVELOPMENT

胡青善 等 著

社会科学文献出版社
SOCIAL SCIENCES ACADEMIC PRESS (CHINA)

序
现代化之路：东莞探索与我的思考

与传统乡村不同，现代城市是社会生产力发展到一定阶段，社会大分工的产物。农耕时代，农业生产方式决定了农村生活方式与空间布局；工业时代，工业生产方式要求城镇化集聚。人口的城镇化集聚，势必推动各类服务集中配置。传统向现代转型本质上是生产生活方式的根本转变，是农业经济向工业经济、农村社会向城市社会的转变。回顾我国改革开放以来的现代化探索历程，贯穿其中的一个核心问题是如何破除城乡二元体制。

东莞本不过是惠州下辖的农业县，因地处沿海地带，香港、深圳、广州之间，得益于国家政策和区位优势，以"海纳百川、厚德务实"之精神，抓住时代发展机遇，用时不过四十余载，即从传统农村社会快速发展成为现代化工业城市，创造了东莞速度、东莞奇迹和东莞经验、东莞模式！

不可否认的是，特殊条件下的快速工业化、城镇化发展受制于城乡二元体制，会产生诸多问题乃至后患。20 世纪 80 年代后，东莞村镇依托集体土地大建厂房、农民房以发展租赁经济，经济实现了快速发展，但也出现了土地低效利用、产城空间混杂、生态环境破坏等诸多问题。

天时地利人和。大至国家，小至一个城市，其发展不过是各种因素的因缘聚合。故因时因地，发展模式、发展路径必然不同。

东莞探索之路，大致可从以下几个方面分析。

第一，从政府与市场关系看。中国各地尤其是长三角、珠三角地区走出了各自的发展路径和发展模式。如以南北对比，北方偏政府主导、南方偏市场竞争。在过去的几十年里，东莞逐渐走出了一条独特的市场化发展道路，经济蓬勃发展，社会充满活力。在某种意义上可以说，市场化是东莞实现快速发展的主要动力。

第二，从工业化发展历程与阶段看。东莞属于典型的先工业化后城镇化发展模式，东莞的工业化与城镇化大致可分为三个阶段：以2008年世界金融危机为节点，1978～2008年工业化主导并引导城镇化发展；2008～2020年，东莞外向型经济逐步转型，新型城镇化加速，城镇化与工业化并行乃至自主发展；2020年以来，随着新一轮科技革命与产业革命加速发展，东莞面临产业与城镇高质量发展难题。

第三，从产业发展演变过程看。东莞产业发展经历了三个阶段：一是20世纪八九十年代以消费品生产为主的轻工业化阶段，二是21世纪以来城市化带动的重工业化阶段，三是近10年以创新驱动为特征的高技术产业化和以城镇发展为驱动的生产服务化阶段。

第四，从与周边地缘关系看。2008年之前东莞与港台资本关系密切，外向型经济占主导地位；近些年来深莞一体化发展，外源性经济逐渐萎缩、内源性经济成为主体；当下东莞已进入高技术产业化和深度城市化发展阶段。

地方发展重点在产与城，产城协同发展无疑是极为复杂的实践问题，涉及经济、城市、社会等领域。

对东莞发展的思考，始于20年前我在东莞市发改部门任职期间。那时东莞发展正处于狂飙突进的时代，经济增速高达20%以上，但城市化才刚刚起步。我在东莞工作已有20年，前10年就职于发改部门，主要从事宏观规划制定和重大项目管理类工作；后10年，就职于东莞市社科联、社科院，主要从事地方咨政研究和投资咨询工作。前后身份略有差异，工作其实有关联。不同于一般学科研究，地方咨政研究归纳起来大概有如下特点：其一，指向特定地域或者城市发展；其二，涉及经济、社会、城市、文化等诸多方面，具有很强的综合性和跨学科性；其三，偏于实证研究，具体问题具体分析，涉及宏观环境、区位交通、自然禀赋及人文社会，既要考虑特殊的发展机遇、发展历程，也要探索未来发展趋势。

本书分为湾区合作篇、城市更新篇、园区发展篇和产业发展篇。其中，湾区合作篇所收录报告涉及深莞产业合作、深莞一体化发展主题；城市更新篇所收录报告涉及城市更新、"工改工"、土地整备和乡村振兴等主题；园区发展篇所收录报告主要涉及松山湖高新区、滨海湾新区和虎门港园区；产业发展篇所收录报告涉及重大产业项目、供给侧结构性改革、检测服务和数字经济等主题。

这些报告的主题多为不同时期东莞产城发展的重点和热点，主要是对东莞发展过程中的具体问题进行分析。许多报告在当时都获得过东莞市委、市政府相关领导的批示，或作为决策参考或直接转为相关政策，具有很强的咨政价值；但时过境迁，其学术价值比较有限，如果有，也主要不在于报告内容，而在于分析问题的思路和方法。在人工智能和信息大爆炸的时代，知识本身的价值是很有限的，唯有具体问题具体分析的方法永不过时。就此而言，本书或许可作为一种咨政研究的参考书吧。

本书所收录报告虽为本人负责或主笔完成，但离不开课题组各位同仁的共同努力！在此谨表谢意。本书能够出版，更有赖于东莞市社科联、社科院领导的大力支持，在此一并表示衷心感谢！

目录
Contents

湾区合作篇

大湾区时代深莞产业合作发展研究 ………………………………… 4

临深片区推进深莞一体化发展研究 ………………………… 15

城市更新篇

基于"工改工"的东莞产村协同发展研究 ……………………… 26

打造都市型工业载体支撑先进制造研究 ……………………… 46

东莞加强土地整备利益统筹策略研究 ………………………… 53

周屋调查：乡村振兴背景下的都市乡韵 ……………………… 61

园区发展篇

东莞加强园镇统筹发展、彰显园区核心功能研究 ……………… 70

加快虎门港及临港区域产城一体化发展研究 …………………… 86

滨海湾新区产业发展规划及促进政策 …………………………… 110

国内园区开发模式及滨海湾实施策略 …………………………… 137

产业发展篇

东莞重大项目谋划生成研究 ……………………………………… 157

东莞检测业发展现状及机构改革顶层设计研究 ………………… 177

东莞推进供给侧结构性改革增强发展动力研究 ………………… 197

国内数字经济发展新趋势与东莞竞争策略 ……………………… 219

湾区合作篇

【导语】

区域发展进入城市群与都市圈阶段，中心城市对周边区域从虹吸转向溢出。产业溢出带动人口溢出。基于"收益最大化、成本最小化"的"收益—成本"理性考虑，中心—外围区域之间往往形成大规模、高频次的跨区域人口流动。这种跨区域的人口流动（工作与生活空间的分离）要求一体化的公共服务配套。

粤港澳大湾区形成以香港、深圳、广州为三大核心，东莞、佛山、珠海、惠州、中山各具特色的发展格局。其中，深莞惠经济圈形成以电子信息产业为主导的万亿级产业集群，是真正意义上的"硅谷"。深圳是整个区域的研发、创新总部和金融中心，集聚了数量庞大的研发创新创业人才，是改革开放的先行地和试验田，是移民文化、市场经济和服务型政府的典范，是珠三角最有活力的创新源城市。目前，深圳经济密度、人口密度、开发强度之高全国罕见。位于深圳周边的东莞，以科技创新和先进制造为主，与深圳、香港形成了完整的产业链、供应链。2018年华为公司将终端总部迁入松山湖高新区，发挥了龙头带动效应，吸引了软通动力、易宝软件、迈威科技等一大批华为产业链、供应链上的公司在松山湖高新区集聚发展，松山湖高新区由此成为大湾区真正的硅谷中心。

产业跨区域发展必然导致大量人口在深莞之间频繁跨区域流动，或深圳工作、东莞生活，或东莞工作、深圳生活，必然产生跨区域公共服务需求。尤其临深区域深莞一体化发展更为突出。为此，2020年东莞提出加快推动南部9镇全面对接和融入深圳建设中国特色社会主义先行示范区。2021年，东莞市首次提出把滨海湾新区打造成为莞深合作特色平台。深莞之间的合作从产业内部驱动的"自然"行为，已上升到战略层面的全面推进。而今，深莞携手共建大湾区综合性国家科学中心先行启动区，合力构建世界级先进制造业产业集群，打造粤港澳大湾区珠江东岸核心城市圈，在这个过程中双方将开展更深层次的对话。

大湾区时代深莞产业合作发展研究*

产业转移是经济发展过程中必然出现的现象。在经济全球化和区域经济一体化的推动下，积极主动地承接发达经济体和先进城市的产业转移，已成为加快产业升级、实现跨越式发展的重要助推器。进入大湾区时代，东莞处在城市格局、创新格局、开放格局、产业格局、社会格局变迁的关键时期，更需要通过加强与深圳产业合作，以突破产业"双层挤压"、可用土地资源紧缺、环境承载力弱化、项目产出效益较低等发展瓶颈，在新一轮经济竞争中赢得主动，实现高质量发展。

一 深莞产业合作形势分析

长期以来，东莞一直是深圳产业转移的第一选择。20 世纪 90 年代以来，东莞大致承接了深圳的三波产业转移，从最早的承接以康佳公司为代表的深圳劳动密集型加工贸易企业转移，到承接以华为全资子公司聚信科技为代表的高端内资企业生产制造环节，再到现在主动承接以华为、大

* 本文原载《东莞咨政内参》2018 年第 2 期，胡青善与王思煜、张出兰共同完成，收入本书时有修改。

疆、蓝思科技等一批行业龙头企业为代表的先进制造业、高技术制造业，正是这三波产业转移有力地推动了东莞产业转型升级，带动了东莞一轮又一轮产业发展。

（一）从都市圈发展看，加强深莞产业合作具有广阔的前景

粤港澳大湾区被纳入国家发展战略，广东省也提出了打造粤港澳大湾区国际科技创新中心和广深科技创新走廊的计划。大方向是深化跨区域合作、促进协同发展。深圳处于粤港澳大湾区中心，是当前中国经济最有活力和资本最为密集的地区之一，是中国新的创新中心，新经济、新技术、新业态发展态势迅猛，担负改革创新的使命，发挥经济的引领作用，在粤港澳都市圈中的龙头地位不可动摇。但深圳面临发展空间有限、要素成本趋高、产业更新迭代等发展不平衡不充分问题，深圳制造业向外迁移是必然趋势。东莞地处穗深港经济走廊，是粤港澳大湾区的重要一员，与深圳历史渊源深厚、地理位置相邻、资源产业市场互补性强，营商成本优势明显，合作基础良好，长期以来都是深圳产业转移的首选之地。东莞加强与深圳产业合作，符合粤港澳大湾区基础设施、城市空间、科技产业一体化和协同化的发展趋势。这不仅有利于促进高端科技产业等创新资源向东莞集聚，加快新技术、新产业和新模式的布局和成长，同时在东莞基础设施建设、综合服务配套和城市品质提升等方面也有明显的溢出和带动效应，将进一步拓展东莞未来发展空间，形成东莞与粤港澳大湾区主要城市协同联动发展的良好局面，全面提高东莞在国家和区域发展中的功能和定位。

（二）从广深科技创新走廊看，有必要加强莞深产业深度合作

从创新链视角看，广州、深圳、东莞三个城市的科技产业创新有明显的差异性和互补性。广州高校和科研院所云集，具有强大的基础研究和应用性科技创新能力，处在创新链的前技术阶段；深圳集聚了大批龙头科技企业和新兴研发机构，具有引领国际前沿的科技产业优势，处在创新链应用研究、技术开发示范阶段；东莞制造业基础雄厚，具有快速实现科技成果产业化的能力和优势，处在创新链的后技术阶段。与广州相比，东莞与深圳在创新链上的衔接更为直接和紧密。东莞加强与深圳在创新链上的合作非常有必要。东莞应充分发挥自身在经济规模、产业配套、科学装置、对外开放、基础设施、投资环境、营商成本、生态底蕴等方面的综合优势，加强与深圳在创新人才、创新主体、创新技术、科技金融等高端创新资源方面的融合对接，特别是在承接深圳优质创新创业型企业、培育战略性新兴产业、创新科技金融服务等领域不断拓展合作新领域、新方式和新内容，打造紧密的创新链深度合作体系，共创协同发展、互利共赢的新优势。

（三）从深圳新一版城市总体规划看，必将推动新一轮深莞产业合作和一体化发展

2017 年，深圳是一个面积仅有 1997 平方公里、常住人口 1253 万人左右的城市，土地开发强度已接近 50%，急需更大的发展空间进行资源配置。[①] 2017 年深圳发布新一版城市总体规划（2016~2035 年），提出参照国际大都市发展经验，以深圳为核心，在周边 50 公里范围内打造都市圈，依托深圳的人才、资本和产业优势，提升整个都市圈要素流动和配置效率。从地图上看，以深圳为中心，向外辐射 50 公里，基本涵盖了香港、澳门、广州、佛山、中山、江门、东莞、惠州等城市。目前深圳的大部分规划是基于 50 公里都市圈功能制定的，如深圳交通"十三五"规划中提出规划建设的深中通道、广深港高铁与东莞和惠州临深片区的 10 条轨道连接等；又如深圳住房保障"十三五"规划提出，在深莞惠三地采用城际合作开发方式，以"轨道交通＋产业园区＋人才小镇＋公共配套"为开发模式，

---

① 数据来自深圳市统计年报。

筹集建设 30 万套人才住房。同时，深圳为了促进区域协同发展，制订了"东进战略"行动计划，着力提升东部地区和深汕特别合作区综合发展能力，进而带动深莞惠经济圈（3+2）和粤东粤北地区发展。

从深圳新一版城市总体规划、配套规划和行动计划的理念及方向可以看出，深圳将由"单极"广深港发展轴向"多极"发展轴转换，放眼更广阔的空间，寻求更大的动力支撑。目前，深圳周边的惠州、河源、汕尾、中山等城市纷纷抢抓深圳打造 50 公里都市圈和实施"东进战略"契机，加快与深圳开展全面合作。如深圳与汕尾合作建设深汕特别合作区；惠州市制订了全面对接深圳"东进战略"的"海绵行动"计划；河源市大力实施"南融行动"，主动对接深圳"东进战略"；中山市也在通过与深圳加强基础设施建设合作和共建产业园等方式，打通与深圳互联互通的纽带。与惠州、河源、汕尾、中山等城市相比，东莞在经济总量、创新水平、产业配套、产业层次、城市环境、人才资源、内外贸易以及金融、公共服务等方面具有明显优势，应抢抓深圳打造 50 公里都市圈、城市外溢、产业转移的重大机遇，主动承接深圳优质高端项目转移，积极推进莞深融合发展。

（四）从东莞与深圳发展差距看，东莞进一步承接深圳产业转移，有利于加快产业转型升级

2017 年 10 月中国社会科学院与联合国人类住区规划署共同发布的《全球城市竞争力报告 2017—2018》显示，在 2016 年全球城市经济竞争力指数排名中，深圳居全球第六位，仅次于纽约、洛杉矶、新加坡、伦敦、旧金山。[①] 从地区生产总值看，2017 年深圳 GDP 达到 2.24 万亿元，居全国第三，占珠三角地区 GDP 总量的近 30%；从科技创新看，深圳全社会研发投入已超过 900 亿元，占 GDP 的比重达到 4.13%，居全国第二，远超国

---

① 《深圳的城市经济竞争力指数全球第 6 广州排名 15》，搜狐网，http://mt.sohu.com/20171102/n521223267.shtml。

际先进创新型国家和地区水平；从产业发展看，深圳前瞻性地提出了重点发展四大支柱产业、七大战略性新兴产业和四大未来产业，形成了以高端电子信息产业为主导的高新技术产业集群，先进制造业和高技术制造业增加值占规模以上工业增加值比重分别达到 71.0%、65.6%，已经超过了一些发达国家中心城市的水平。[①]

综合东莞情况来看，2017 年东莞地区生产总值为 7582.12 亿元，[②] 相当于当年深圳地区生产总值的 1/3 左右，在一般公共预算收入、固定资产投资、进出口总额、社会消费品零售总额等方面，东莞与深圳相比，也存在不小的差距，需要进一步挖掘东莞的发展潜力，提升东莞的发展空间。当前，东莞高质量发展面临诸多不平衡不充分的问题，如现代化经济体系不够健全，产业发展层次总体偏低，工业投资、基建投资不理想，新旧动能根本性转换还没实现，创新成果转化为生产能力有待增强等。解决这些问题最有效、最直接、最便捷的方式就是主动对接深圳科技产业资源，利用东莞重点发展的新兴产业与深圳产业体系相近的特点，加强对深圳的精准招商，着力引进电子信息、生物医药、新能源、新材料、机器人和高端装备制造等东莞基础较好、市场前景广阔的新兴产业，与深圳实现错层联动发展和集聚集群发展，推动东莞产业整体水平向中高端迈进。

二 东莞承接深圳产业转移状况及深莞
产业合作面临的问题

（一）东莞承接深圳产业转移总体状况

东莞市工信局资料显示，截至 2017 年 12 月，东莞共承接已工商登记

---

① 深圳市有关数据来自深圳市统计局官网，有的数据是笔者做了计算得出的。下同。

② 《2017 年东莞市国民经济和社会发展统计公报》，东莞市人民政府网，http://www.dg.gov.cn/zjdz/dzgk/shjj/content/post_360266.html。

的深圳企业 5085 家，总注册资本 305 亿元。上述 5085 家企业中，制造业企业占 14%，信息传输、软件和信息服务业企业占 4%，科学研究与技术服务业企业占 3%，其他类型企业合计占 79%。从重大项目上看，2012～2017 年深圳企业转移到东莞的重大项目共 1140 宗，每年约 200 宗，协议投资金额 1975 亿元。从项目类别上看，现代服务业、电子信息产业、电气机械与设备制造业占的比例最大，其中现代服务业占 25%、电子信息产业占 21%、电气机械与设备制造业占 18%；从协议投资金额上看，电子信息产业、现代服务业、电气机械与设备制造业协议投资金额最多，分别为601.8 亿元、375.2 亿元和 194.1 亿元，占全部协议投资金额的 59.3%。从东莞传统五大支柱四大特色产业方面看，共引进深圳企业和重点项目 570宗，其中电子信息产业占 43%、电气机械与设备制造业占 35%，至于包装印刷业、化工制造业、纺织服装鞋帽制造业、家具制造业、食品饮料加工业、造纸及纸制品业、玩具及文体用品制造业，由于深圳本身产业规模较小，转移到东莞的比例不高，占比均在 5% 及以下。从深圳战略性新兴产业转移方面看，2012～2017 年，深圳转移至东莞的项目共 570 宗，其中现代服务业占比最高，达到 50%，新材料产业占 14%，新能源产业占 7%，生物医药产业占 6%，机器人与智能装备产业占 5%，其他产业占 18%。[①]

（二）东莞镇街承接深圳产业转移情况

从镇街承接深圳产业转移情况看，东莞大部分镇街从以往的被动承接转变为主动合作承接深圳产业转移，不断完善产业配套和基础设施，在产业、科技、交通、规划、服务、生活等方面不断提升服务水平，积极推动深圳优质项目的落地投产。如塘厦镇着力打造"莞深融合的先行试验区"，从补齐教育医疗、公共配套、环境卫生等方面的短板入手，立足自身优势和产业特点，成立了招商引资办公室，筹建塘厦镇土地储备中心，以承接

---

① 以上数据来自东莞市工信局。

深圳高端产业转移为首选，着力引进一批产业链缺失项目、战略性新兴产业项目，以及总部型、龙头型企业，让深圳转移而来的优质资源留下来、强起来，优化产业结构和人才结构，推动高质量发展；凤岗镇则发挥其区位优势，从区域合作着眼，围绕"对接深圳现代产业发展集聚区"的定位，实施"揽月"和"造月"计划，主动瞄准深圳地区加大招商引资工作力度，通过现有深圳企业"以商引商"和依托深交所平台重点招引深圳上市企业等方式，大力引进深圳的优质企业和高端产业，积极承接深圳人才、高新技术产业、金融服务业等转移；清溪镇选择与深圳市投资控股有限公司合作，投资 500 亿元打造科技生态城，借力深圳市投资控股有限公司强大的招商项目资源和丰富的产城融合能力，通过对旧工业区的连片改造，承接深圳先进产业资源，推动产业升级和城市更新，力争使清溪成为东莞承接深圳辐射带动以及深圳实施"东进战略"的桥头堡；松山湖高新区不断加强深圳企业职工子女在东莞就读、公共交通出行、休闲娱乐设施、卫生医疗设施、环境卫生等综合配套服务工作，已先后吸引华为公司、中集集团、大疆公司、长盈精密公司等深圳大型龙头企业落户，对相关配套企业和人才形成了强大的虹吸效应，吸引了一批行业带动能力强、产值高、税收高、生态环保的高新科技企业前来入驻，其中还有一大批主板上市企业、行业龙头企业。目前，凤岗镇、松山湖高新区、塘厦镇分别承接深圳产业转移项目 201 宗、142 宗、111 宗，在承接深圳产业转移项目方面分别位居东莞市各镇街（园区）前列；从片区上看，在承接深圳产业转移项目方面，东部临深片区共承接 401 宗、松山湖片区共承接 275 宗、东部产业园片区共承接 203 宗。①

（三）东莞承接深圳产业转移中面临的主要问题

从部门、镇街和企业调研情况来看，东莞在承接深圳产业转移过程中

---

① 数据来自东莞市工信局。

主要存在以下问题。

一是东莞土地资源日趋紧张。深圳高房价、高地价、土地供应紧缺是深圳企业外迁的主要原因。虽然同深圳相比，东莞的土地资源还有一点优势，但是也面临土地资源日趋紧张的瓶颈。据东莞市自然资源局资料，2016年东莞市土地开发强度已达47.3%，远超国际公认的30%的临界点，逼近50%的生态极限；同时，土地利用效率偏低，由于早期缺乏统一的规划控制，各镇村用地面积形态分散，土地空间碎片化问题突出；各园区、镇街均有大量分布零散的土地和厂房掌握在村集体和私人手上，土地资源整合难度较大，土地统筹收储综合成本较高；东莞市土地"两违"问题比较严重，虽然近年来有过大力整治，但2017年度仍有650宗约2000亩违法用地。① 特别是，广东省已明确从2018年起，除省重大平台、重点基础设施和民生保障项目外，不再向珠三角地区直接下达新增用地指标，只能通过"三旧"改造、拆旧复垦、申购复垦指标等获得奖励计划指标。以上情况影响和制约着东莞土地的综合集约利用，如不能及时有效加以解决，那么深圳大批优质企业将选择向土地资源更为充足的周边城市转移。

二是东莞综合配套服务水平与深圳差距较大。从调研情况看，目前大部分深圳来莞企业普遍认为，东莞市生活服务水平、产业服务水平和政府服务水平与深圳相比，还有较大差距。以教育为例，东莞市公办教育资源紧张，每万名常住人口配置公办学位数仅有429个，随迁子女入读公办学校比例仅为23.3%，② 在珠三角9个城市中排名倒数第一；在交通领域，相比深圳，东莞存在轨道交通建设资金压力大、拥堵加剧、出行结构失衡、公交竞争力减弱、交通秩序混乱、出行品质不高等问题；在产业平台建设上，东莞只有松山湖高新区发展较为成熟，对深圳高端资源有一定的吸引力，目前滨海湾新区、粤海银瓶合作创新区、水乡特色发展经济区（以下简

---

① 数据来自东莞市自然资源局。

② 数据来自东莞市教育局。

称"水乡功能区")等平台仍不成熟。在人才服务方面，相比深圳的"孔雀计划"，东莞市人才政策力度较弱，在服务上也缺少特色，对人才吸引力不足；在政府服务方面，政务信息资源共享利用程度较低，除了地税、公安等少数审批事项外，大部分市级审批还不能实现全市通办。综上来看，相比深圳各类高水平服务，深圳高端人才、优质企业来东莞会感到有较大的落差，如果综合配套服务水平不提升，将严重影响深圳项目、企业和人才向东莞转移。

三是对深圳产业招商服务力度不足。长期以来，东莞一直非常重视招商工作，通过大力招引高质量的产业项目，有力推动了产业转型升级。但相比珠三角周边惠州、河源、中山等城市，东莞市对深圳招商服务力度还有一些不足。如中山市抓住港珠澳大桥和深中通道等重大基础设施建设的契机，着力打造"深中半小时经济生活圈"，进一步提升中山市在珠三角地区的区位优势，为深圳产业转移提供了广阔的经济腹地。特别是近年来，中山市与深圳市招商合作日益紧密，以服务业转移融合为突破口，中山市与深圳市发改委、贸促委等单位建立了长效合作交流机制。近3年来，有160多家深圳企业落户中山，中山—深圳创新生态圈逐渐形成。综上来看，目前珠三角周边城市都在加强与深圳的全面合作，东莞以往相对独享深圳辐射的优势已大幅弱化，如果东莞还是顺其自然、被动等待、不善作为，错过与深圳合作发展的"窗口期"，那么东莞过去多年来努力形成的良好发展态势将会消失，将面临从与深圳对接前沿滑落到边缘的危险。

三　促进东莞与深圳产业合作的政策建议

（一）加快土地资源整合，提升项目落地能力

针对土地承载力弱、开发强度高、可用土地不多的问题，东莞要进一步加强土地管理工作，通过加大土地统筹力度，深入推进"三旧"改造，

加大"工改工"项目支持力度等方式，整合盘活土地资源，为承接深圳优质项目提供空间。第一，要加强土地统筹管理，打造高质量产业发展平台。第二，要深入推进"三旧"改造，释放更多土地空间。第三，要进一步加大对"工改工"项目的支持力度，提高土地利用效率。

（二）根据产业链缺失情况，促进精准优质招商

在系统梳理东莞市重点产业缺失环节的基础上，明确对深圳招商重点领域，高标准精心编制对深圳产业招商规划，发挥东莞驻深圳招商先发优势，聚焦深圳外溢的重点产业、龙头企业，开展精准招商、优质招商。第一，加强产业研究，明确招商方向。第二，注重规划引领，制定目标任务。第三，精选优质项目，开展靶向招商。

（三）强化综合服务保障，提供一流的投资环境

向深圳看齐，针对东莞政务服务、生活服务、产业服务等方面的短板，进一步提升政务服务水平，着力提升教育、医疗、交通等公共服务水平，打造高质量产业服务平台，提升东莞综合服务水平，努力缩小与深圳的差距，优化招商环境。第一，提升政务服务水平，简化项目落地流程。第二，进一步加大生活服务配套力度，打造优质舒适的生活空间。第三，进一步加快各类服务平台建设，提升产业综合服务水平。

（四）完善招商体制机制，实现与深圳全面对接

近年来，随着招商形势的变化，各地竞争日趋激烈。针对招商信息不对称、服务不对接等问题，东莞要建立与深圳全面对接的体制机制，推行集中招商，强化各类招商服务，才能更好地在竞争中突围而出，真正地招大商、招好商。第一，要建立市级层面的东莞与深圳产业合作顶层设计和协调机制。第二，要建立片区对标和区域联动机制。第三，要加强与深圳行业协会、商会的对接。第四，实施优惠政策上门到家。

（五）完善跟踪服务机制，提升产业合作的质量和效益

为进一步提升东莞与深圳产业合作的水平和质量，要加强项目引进全过程的分析研判和跟踪服务，在引进前期要加强产业方向的研究，在引进过程中要加强项目评估机制建设，在引进后期要加强跟踪服务机制建设，不断提升深圳优质产业转移至东莞的规模和效益。第一，建立承接深圳产业转移研判机制。第二，建立深圳投资项目评估机制。第三，完善项目跟踪服务机制。

临深片区推进深莞一体化发展研究[*]

东莞临深片区区位优势突出，较早对接深圳和香港先行发展。在粤港澳大湾区一体化和深圳都市圈建设背景下，临深片区成为新一轮深莞同城发展重点。但对比深圳周边，临深各镇产城发展品质、公共服务与政府治理水平均有显著差距，且面临诸多瓶颈制约。新形势下，临深区域建设深莞深度融合发展示范区意义重大。

一 临深片区推进深莞一体化发展的背景和意义

首先，临深区域建设深莞深度融合发展示范区，顺应了粤港澳大湾区一体化与深圳都市圈发展的内在规律。

产业发展与分布直接决定了人口发展与空间分布，而人口规模、结构与分布又直接影响城市发展尤其是公共服务的需求与供给。现代化大生产与市场经济的发展，必然要求产业集聚化、人口城市化及服务集中化发展。人口向城市群、都市圈集聚是产业发展的内在规律，也是居民基于"收益—成本"选择的结果。人口城市化与现代产业发展相伴而生。其内在逻辑在于

---

* 本文原载《东莞咨政内参》2021 年第 6 期，由胡青善主笔完成。

产业、人口与公共服务的连锁规模集聚效应。

不同于纽约、东京、伦敦、巴黎、北京等典型大都市圈城市格局，粤港澳大湾区与长三角城市群形成的则是典型的多中心城市群格局。当前国内发达地区及中心城市正加速进入都市圈和城市群发展阶段，国家城市化战略也逐步转为以城市群为主导的发展战略。2018年《中共中央国务院关于建立更加有效的区域协调发展新机制的意见》明确提出："建立以中心城市引领城市群发展、城市群带动区域发展新模式，推动区域板块之间融合互动发展。"

其次，临深区域建设深莞深度融合发展示范区，是基于深莞产业一体化发展的双赢选择，对提升区域竞争力意义重大。

产业、人口和公共服务在城市群内部各城市间跨区域配置，是国际大都市圈或城市群的普遍特征。正是基于交通一体化以及公共服务壁垒的消除，产业和人口才得以在城市群内部自由流动，从而推动了城市群的一体化发展和大都市圈的形成。

深莞惠经济圈已形成以电子信息产业为主导的万亿级产业集群，2016年深圳国家级高新技术企业数量约占广东全省的一半，深圳是整个区域的研发创新总部，金融、物流及现代服务中心，集聚了数量庞大的研发创新创业人才，同时是改革开放的先行地和试验田，是移民文化、市场经济和服务型政府的典范，是珠三角最有活力的创新源城市。东莞和惠州以加工制造业为主，与香港和深圳形成了完整的产业配套，形成了"你中有我，我中有你"非常紧密的联系。

临深区域是承接深圳产业、人口与部分城市功能溢出的最优选择，有利于带动区域可持续发展。深圳作为区域中心和龙头，离不开经济腹地为其提供支撑。深圳制造业布局周边区域，它们与深圳产业紧密关联，构成完整的产业链、产业集群和产业配套，有利于深圳腾出发展空间，源源不断地吸引承接更高端的产业和人才资源，保持区域创新原动力，发挥区域经济引擎作用。如果华为不进驻东莞而转移到武汉（双方洽谈过），这不仅是深圳的损失，而且是整个粤港澳大湾区的损失；华为选择东莞松山湖高新区，不仅带动了东莞电子信息产业发展，而且与深圳保持了密切联系，继续享受深圳优势资源支持，同时拓展了新空间、降低了经营成本。

最后，临深区域建设深莞深度融合发展示范区，对于步入"双万"之后的东莞可持续发展意义重大。

当前东莞常住人口超千万、GDP破万亿元，产城升级面临"拓空间"这一突出矛盾。一方面，制造业尤其是战略性新兴产业发展，需要拓展新空间并改善生产环境，包括产业园区和配套的人居环境；另一方面，满足超千万人口"对美好生活的向往"，尤其是要解决好包括交通、教育、住房、医疗、生态环境等方面的难题，提升城市品质，更需要拓展新空间。在粤港澳大湾区和深圳都市圈建设驱动下，临深区域以建设"深莞深度融合发展示范区"为抓手，对引领驱动东莞可持续发展意义重大。

二　临深片区推进深莞一体化发展现状分析

（一）主要现状

1. 深圳先进制造业向临深区域加速集聚

当前，新一代信息技术、新材料技术、新能源技术、生物技术等融合突破，颠覆性、变革性技术持续涌现，深莞硬科技优势突出，先进制造业、战略性新兴产业发展加速，东莞科技产业升级面临重大机遇期。2021年"深圳市新一代信息通信集群""东莞市智能移动终端集群"成功入选第一批国家先进制造业集群，深广佛莞联合打造的"广东省广深佛莞智能装备集群"被纳入第二批国家先进制造业集群。

由于东莞有雄厚的电子信息产业、高端装备制造业基础，深圳优质企业纷纷在东莞尤其临深区域投资扩产。东莞市投资促进局资料显示，2020

年深圳来莞投资项目 411 宗,其中制造业项目 307 宗,亿元以上大项目共 42 宗,协议投资金额达 541.66 亿元;2021 年上半年深圳来莞投资项目 291 宗,亿元以上大项目 22 宗。东莞市近 60% 的深圳项目落户南部 9 镇。[①]

2. 临深区域新兴产业平台加速发展

临深镇街高标准建设莞深产业合作平台,推动莞深产业合作向纵深拓展。其中,塘厦镇建设莞深融合发展改革创新试验区,高标准建设科苑城信息产业园、凤凰科技产业园、石潭埔科技产业新城等一批战略性新兴产业平台,引进蓝思科技、联得装备、顺络电子、赢合科技等一批优质深企,全力打造临深新一代电子信息产业基地。清溪镇积极对接深圳市投资控股有限公司(简称"深投控")、深圳清华大学研究院、北京大学深圳研究院、中建国际,合作共建"大湾区·深投控清溪科技生态城"、力合科创(双清)创新基地、智汇谷产学研基地等创新平台,引进立讯精密、奋达科技、钰晟电子、微米生物等深企投资落户,大力建设光电通信、新能源、新材料等战略性新兴产业集群。黄江镇全面承接松山湖科学城、光明科学城的创新资源辐射,全力打造星河人工智能小镇、光明港·中城智造创新园、天集·集汇谷、裕元工业园等新兴产业聚集区,谋划建设深莞深度融合发展示范区。凤岗镇以创建广东省"人工智能特色小镇"为契机,依托天安数码城、京东智谷、都市智谷等高端产业平台,积极承接深圳产业转移,大力发展 5G、人工智能、数字经济,努力打造深莞融合发展示范引领高地。樟木头镇重点打造科创产业园、嘉卓产业园等高新产业平台,加强与深圳的智能产业互动融合,依托大疆公司等龙头企业,加快建设智慧化无人机产业小镇。

(二) 面临的问题

当前临深区域建设深莞深度融合发展示范区面临以下问题。

---

① 数据来自东莞市投资促进局。

一是区域"各自为政"、缺乏统筹规划和管理。作为东莞深度融入深圳都市圈发展的前沿，临深镇街在对外存在与深圳对接协调不顺问题，对内存在缺乏统筹规划、各自为政问题，另外，产业同质化竞争内耗问题也很突出。目前临深镇街仍未建立自上而下的有效统筹协调机制，区域内部的资源统筹配置效率有待提升。

二是土地资源紧缺且"拓空间"进展迟缓。与深圳相比，临深区域有低成本优势，但发展至今，由于长期缺乏规划控制，各镇村用地分散，土地空间碎片化且大多数掌握在村组及私人手中，土地权属复杂、资源整合难度大、收储成本高。早期所建工业园厂房适合劳动密集型制造业，独门独院、土地利用低效、空间不合理，物业普遍老化且缺乏维护，已不适应现代制造业需求。同时临深区域因为经济发达，基于宅基地建设的农民房和小产权房密度高，多沿街布局，商住两用，已不适应现代城市发展，但改造难度极大。

三是东莞的城市发展及配套服务与深圳差距明显。东莞以镇村为主体，最大化地利用土地资源优势发展传统工业园及商住配套，在政策宽松和市场驱动下，走出了一条多轮驱动、产村协同的特色工业化和城镇化发展道路。不可否认，这种产村协同模式，有效满足了工业化进程中劳动密集型工业的低成本和庞大生活配套需求；但进入高质量发展阶段，传统工业园和以农民房为主的低端商住物业及与之相适应的模式机制已难以适应新时代、新发展要求。相比深圳临莞区域，东莞临深区域城市化建设、公共服务和产业配套水平差距明显，已难以吸引深圳高端要素资源向东莞转移，如不加快改变，很可能成为深圳配套车间和低端产业集聚地。

四是深莞政府间合作机制仍然欠缺。目前深莞两市的区域创新协同与产业分工合作正不断深化，但主要是市场行为，政府间仍缺乏有效的对接协调机制，未能在产业对接、交通衔接、公共服务开放共享等战略性合作问题上进行深入磋商并达成共识，未能在寻求双方利益结合点及合作切入点上取得重大突破。尤其东莞市—镇架构与深圳市—区—街道架构不相适应，临深镇街在与对方对接沟通时，会因行政层级不对等造成合作困难。

三 临深片区推进深莞一体化发展的对策建议

基于深度调研，对东莞临深区域建设深莞深度融合发展示范区，建议如下。

一是创新构建临深区域统筹管理机制。立足临深区域实际，重点针对东莞市辖镇架构突出存在的"各自为政"问题，同时也便于与深圳临莞龙岗、光明等区开展对等合作，加快筹建临深区域统筹管理协调机制。前期可考虑成立由东莞市委、市政府主要领导担任负责人的领导小组，并建立联席会议制度，制订行动计划，明确目标任务，落实分工责任，统筹协调推进计划实施；中期可借鉴水乡功能区统筹管理经验，设立常设机构，持续推进临深区域的统筹发展；远期在全市层面应着手推进区划调整，借鉴各地经验做法，增设区级政府，强化区域行政统筹发展。

二是主动构建深莞合作机制。深莞合作主要涉及产业发展和公共服务合作。产业合作以市场为主，公共服务以政府为主。东莞需胸怀大局、着眼长远，积极主动与深圳对接，推进深莞两市各级政府交流互访、定期会商并形成合作机制，强化两市各部门合作意识，定期研究会商解决两市合作中出现的新情况新问题，形成信息共享、资源互助的工作新格局，积极优化两市在产业协同发展方面的合作机制。同时，可加快构建与深圳全面对接的体制机制，包括在规划、政策、平台、项目和资本等各个层面，推动深莞产业合作向纵深发展，共同打造粤港澳大湾区先进制造产业集群。

其中，规划层面，要主动对接深圳建设中国特色社会主义先行示范区、都市圈的发展规划，推动建立深莞两市重大规划、产业规划、专项规划的对接共商机制，在发展方向、合作事宜、资源配置等方面取得共识，促进双方产业、空间规划的精准对接、统筹发展、深度融合，实现区域优势互补与共赢发展。在平台层面，要探索合作共建产业园区。借鉴嘉兴主动融入上海，沪嘉共建张江长三角科技城平湖园、上海漕河泾新兴技术开发区海宁分区等产业协同创新区的经验，加快打破莞深之间的行政壁垒，积极推进深莞两市创新链、产业链联动发展，探索共建产业协同创新平台、重大产业科技园区。积极探索两市在收益分配、税收分成、要素保障等方面的创新合作机制，共同打造园区合作共建、产业共生共荣、发展成果共享的深莞产业合作利益共同体，实现两市共赢发展。

三是促进深莞跨区域公共服务合作。国内推进都市圈与城市群一体化发展，面临的深层次制约是行政壁垒。公共服务属地化管理模式，深受行政壁垒阻碍。因此，要有效解决公共服务短板，必须在更大区域范围内优化配置公共服务资源，必须依靠城市间协力"破壁"。

在开展跨区域公共服务合作包括交通、教育、住房保障、环保等方面，深圳有强烈意愿与周边城市开展合作，以解决深圳可持续发展难题。跨区域公共服务合作，短期对深圳有利，长期对东莞有利，属于典型双赢。要借鉴国际大都市区一体化发展经验，顺应都市圈、城市群发展的内在规律，着力构建以轨道交通为骨干的一体化快捷通勤交通体系，努力突破传统行政分割壁垒，推进产业、人口与公共服务协同合作发展，构建适应职住分离并以居住人口为对象的公共服务配套管理机制，推动粤港澳大湾区城市群协同一体化发展。

其中，交通方面，要加快推进临深区域的交通基础设施建设，推动深莞基础设施的互联互通，切实把临深的"区位优势"转换为"交通优势"。贯彻落实《东莞市轨道交通网络规划（2035）》，谋划两市的城际、轨道交通连接线路，共同争取纳入更高层级规划。加快跨区域道路工程建设，打通"断头路""瓶颈路"，推动区域路网互联互通，努力构建便捷、快速、一体化的深莞交通网络体系。

同时，东莞要积极创新政府管理体制，借鉴京津冀一体化发展经验，打破行政区域界限，深化与深圳公共服务对接共享。推进交通、教育、医疗、社保等公共服务的同城化、一体化发展，如交通一卡通、社保一卡通、异地就医结算、电子病历共享、医疗检验结果互认、人才认定一体化等，加快破除制约深莞两市高端人才跨区域工作、生活的瓶颈障碍，促进两市人才自由流动。

城市更新篇

【导语】

东莞位于粤港澳大湾区腹地，借助广深之间优越位置得以率先发展，但土地碎片化问题严重，产城发展水平相对较低。进入高质量发展阶段，这种碎片化土地开发模式已难以适应以科技创新＋先进制造为主导的新兴产业和以高水平的人居环境为主导的新型城市化发展要求。受产城升级和土地瓶颈倒逼，尤其房地产发展加速，东莞城市更新、"工改工"和美丽乡村建设已成为东莞战略重点。

2009年广东省开始实施旧城、旧村、旧厂房（合称"三旧"）改造，起初目的是要促进节约集约用地，盘活低效建设用地，提高空间承载力；但发展至今，"三旧"改造已远超土地层面意义，成为产城高质量发展的主要抓手。2009年以来，东莞先后出台了一系列"三旧"改造政策文件。"三区叠加"（粤港澳大湾区、深圳建设中国特色社会主义先行示范区及东莞建设广东省制造业供给侧结构性改革创新实验区）背景下，以"拓空间"为主要目的的城市更新，成为东莞实施"湾区都市、品质东莞"战略的关键举措。

东莞城市更新总体上可分为三个阶段：第一阶段是2009～

2018 年，处在政府引导、市场自发的"三旧"改造阶段，以小规模的市场主导的点状项目改造为主；第二阶段是 2019～2021 年，处在政府强力推动、市场大规模推进阶段，以较大规模的房地产项目和小规模的点状"工改工"项目为主；第三阶段是 2022 年至今，处在政府主导统筹、市场配合推进阶段，以连片改造、产城协同为重点，以增资扩张、点状改造为基础。

从实践看，市场主导的各类模式适应于经济和房地产上升期阶段；2021 年下半年以来，受经济不景气尤其是房地产市场低迷的影响，市场主导的各类"三旧"改造处在停滞状态。不同于一般城市更新和小规模的"工改工"项目，珠三角城市更新成本很高。为此，必须统筹考虑多方利益平衡，不仅要照顾原土地物业主体眼前利益，更要考虑后续产业发展成本。

基于"工改工"的东莞产村
协同发展研究[*]

在土地开发强度逼近极限的背景下，城市更新成为产城"拓空间"必由之路。其中，"工改工"是破解产业空间瓶颈制约、推动制造业高质量发展的根本途径，也是促进镇村可持续发展、提升产村协同水平的根本出路；"居商"类城市更新（以旧村改造为主，也包括部分"工改居"）和美丽乡村建设，是改善人居环境、提升城市品质的重要方式，也为产业转型升级创造了良好的外部环境。两者相辅相成，需统筹推进。但"工改工"是基础、是底图，乡村振兴的关键是产业振兴，没有产业的支撑，就不可能吸引人口留住，美丽乡村建设就无法持续发展。近年来东莞依靠政府力量推进美丽乡村建设和城市品质提升，成效显著；依靠市场力量推进"工改工"，则明显迟缓。

目前，东莞推进"工改工"的难点是解决历史遗留问题和多方尤其村企利益平衡。村集体及村民过去是村级工业园及配套商住物业建设的重要主体，在新一轮的城市更新过程中同样发挥关键作用。村集体处理好眼前利益与长远利益、局部利益与整体利益之间的关系是非常重要的。"工改工"面临诸多难题，如何解决不仅需要政府和市场发挥作用，更需要充分

---

* 本报告为 2021 年东莞市乡村振兴促进中心委托课题，由胡青善主笔完成。

调动村集体和村民的积极性。当前东莞市政府推动"居商"类改造，强化产城联动和连片改造（头雁计划）支持"工改工"，对于推动产城协同平衡发展有一定的支持作用。东莞主要依靠市场力量推进"工改工"，但进度迟缓，主要是因为缺乏整体规划。新一轮"工改工"不仅需要建立产村协同机制，更要强化政府统筹规划。

乡村振兴主要包括产业发展和环境改造两大部分。东莞制造业集聚在乡村。因此"工改工"不仅是乡村产业振兴的关键，也是全市产业振兴的关键。不同于美丽乡村建设主要依靠财政力量，"工改工"需要满足多方利益诉求。本课题基于"工改工"的产村协同，研究的重点是产与村在利益机制层面的协同。简言之，就是如何调动政府、开发商及村集体和村民等多方的积极性，以产带村促进乡村振兴，实施可持续发展。为此，不仅要对"工改工"的必要性、可行性及可操作性进行重点研究，还要对各种模式案例尤其村企合作模式案例进行剖析，更要提出有针对性的对策建议和解决方案。

一 推进"工改工"的重要意义

2008 年以来，东莞传统加工制造业大批向外转移，产业转型升级加快。新旧转换之际，新产业需要新空间，传统工业区与"半城镇化"的低水平人居环境及与之相适应的体制机制，已难以适应新时代、新产业和新生活要求。同时，周边惠州、中山、佛山、珠海、江门等城市都在大力推进科技园区建设。东莞传统工业园及低水平人居环境难以适应新发展要求，必须加快推进"工改工"，拓展优质产业空间，并基于产业发展推进"美丽乡村"和"品质东莞"建设，改善人居环境。

（一）多轮驱动、产村协同发展的道路

改革开放以来，在原始积累和快速发展阶段，基于特殊的"市辖镇"行政架构和实际条件，东莞以镇村为主体，充分利用土地资源优势发展传统工业园及商住配套，在政策宽松和市场驱动下，走出了一条多轮驱动、产村协同的特色工业化和城镇化发展道路。应该说，这种产村协同模式有其历史的必然性。正是依靠多轮驱动、产村协同，有效满足了劳动密集型工业的低成本和庞大生活配套需求，外向型的加工制造业得以快速推进。但发展至今，进入高质量发展阶段，尤其随着劳动密集型企业关停外迁、"双循环新格局"的加快构建，更随着战略性新兴产业、智能制造和都市经济的发展，传统工业园和以农民房为主的低端商住物业及与之相适应的体制机制难以适应新时代、新发展要求。

（二）推进城市更新，政府要提高定力，村社基层也需提高觉悟

目前东莞存量土地资源 70% 以上属于集体性质，其中属于村组集体存量物业面积超 1 亿平方米，村组物业面积楼龄超过 15 年的占 70%，超过 20 年的占 35%，老旧化问题越来越严重。[1] 东莞市农民房约 113 万栋，占用了全市约 70% 的住宅土地资源。[2] 这些为满足早年庞大产业工人住房需求而建的农民房，占用了大量土地空间，但利用效率极低。在土地开发强度逼近极限的背景下，加速城市更新尤其是"工改工"，意义重大。其一，可向天空、地下要空间，提质扩容，有效缓解空间瓶颈制约；其二，可"改笼换鸟"，加速淘汰落后产能，构筑优质空间承载战略性新兴产业和都市型经济发展；其三，可带动新一轮投资建设，改善城市功能和人居环

---

① 数据来源于东莞市农业农村局编《东莞市农村集体经济调研材料汇编》。

② 数据来源于东莞市地理信息与规划编制研究中心。

境、提升城乡综合品质、促进产城（村）协同发展，增强城市吸引力和凝聚力；其四，可有效推进城乡和区域平衡发展，尤其快速提高欠发达镇村及民众收入，并促进消费升级。

但在制造业发展面临诸多不利因素的情况下，城市与产业"拓空间"存在突出矛盾。一方面，"居商"类项目容易实现短期利益平衡，市场动力足，但易对产业"拓空间"尤其"工改工"构成抑制；另一方面，"工改工"项目历史遗留问题复杂（违规乃至违法用地多）、权属复杂，且制造业企业多属于充分竞争行业，难以承受高成本，工业园区项目投资回报周期长，利益平衡难度大，市场动力弱、推进普遍困难。

"居商"类项目的诱惑力远远大于"工改工"项目，这不仅考验政府的定力和综合协同能力，更考验村集体和村民的觉悟。就政府而言，房地产发展可带来庞大的土地财政，不仅可有效缓解政府财政压力，支持政府加大基建和公共服务投入，提升城市品质，还可快速改善城市面貌和生态环境；就村集体和村民而言，"居商"类城市更新可以让他们获得巨额的拆迁补偿收入，直接改善生活品质。

在城市更新过程中，村集体和村民具有最大的话语权，也是最大的受益者，发挥着最关键的作用。目前，东莞村集体有强烈意愿推进城市更新尤其是"工改工"，但在主观上对"工改工"存在诸多顾虑，如短期利益受损、改造后招商引资是否有保障等。在城市更新过程中，不仅要引导村集体和村民处理好眼前利益与长远利益、局部利益与整体利益之间的关系，更需要政府加强政策方面的设计，确保村集体实施"工改工"有利可图，以保障多方利益平衡。

二 产村协同发展供需情况

当前东莞土地开发强度已逼近极限，生产空间供需失衡，市场对优质生产空间需求大，"工改工"经济社会效益高，市场有效需求大；但近年来，综合性产业园区呈爆发增长态势，其中偏服务或者轻生产型产业空间则面临过剩、产业与空间市场配置存在脱节的问题。

（一）土地空间情况

第一，从供给看，受土地开发强度和土地规模约束，东莞可开发的增量空间极其有限，"拓空间"主要靠存量改造；传统镇村工业园规模庞大，通过"工改工"提质扩容，对推动制造业供给侧结构性改革和高质量发展意义重大。

经过 40 多年的快速开发建设，东莞市土地开发强度已逼近极限，实际土地开发面积所占比例已超 50%；目前东莞土地空间碎片化问题突出，剩余可挖潜利用的都是难啃的"硬骨头"，成片可开发利用土地稀缺。

在快速工业化阶段，为满足市场需求，东莞实施"多轮驱动"，镇村乃至私人是土地开发的主体力量。据东莞市自然资源局资料，初步摸查，东莞全市现有镇村工业园 1965 个（其中 143 个镇属工业园、529 个村属工业园和 1293 个其他企业或者私人工业园），用地面积 3.7 万公顷（集体经营性建设用地占全市工业用地的比例超 70%）。同时，为满足生活配套需求，村组村民大规模建设农民房，东莞市农民房约 113 万栋，占用了全市约 70% 的住宅土地资源。其中，传统工业园规模普遍较小、土地权属非常复杂，老化问题突出；农民房以私人投资建设为主，因建设较早，普遍缺乏统筹规划，空间布局散乱，物业陈旧利用低效，缺乏完善配套和有效管理，已难以适应新一轮产业升级与城市发展要求。同时，因为长期实施"多轮驱动"，土地开发违法违规问题突出，各种历史遗留问题、利益问题、政策问题交织在一起，错综复杂。

第二，从需求看，无论是新引进的投资还是本土企业增资扩产都非常强劲，对土地空间有强烈的需求；本土相当一批规模以上企业尤其是重型装备制造业企业受空间制约被迫向外迁移。

据东莞市投资促进局对全市规模以上企业、重点外资企业、专精特新企业等情况进行对比梳理，按照产值不少于 2 亿元、税收贡献不少于 1000 万元，或发展潜力好、带动能力强等原则，筛选出 492 家企业摸底调查。其中有新增用地需求的 124 宗，用地需求 8520.57 亩。在调研过程中发现，相当一批优质企业增资扩产的用地需求难以得到满足。受土地空间瓶颈制约，也受高房价、综合成本持续上涨和节能环保政策影响，近些年东莞本土培育的一批规模以上制造业企业陆续向周边惠州、江门乃至江西赣州、湖南郴州等地迁移；尤其是重型装备制造企业非常突出。如东莞市长安镇就有多家专精特新企业选择到江门、赣州等地买地建厂房扩大生产。

（二）园区平台情况

第一，从总量看，当前东莞产业园区呈快速增长态势，综合性产业空间充裕，可招商空间多。

据东莞市投资促进局调研数据，目前东莞全市产业转型升级基地、新型产业用地（M0）产业园及 50 亩以上其他产业园合计 85 个，总占地面积 22112 亩，总建筑面积 3403 万平方米，预期可招商面积约 2194 万平方米。其中 50 个已建成运营产业平台可提供招商面积 678 万平方米，占 31%；24 个在建未投产的产业平台可提供招商面积 1134 万平方米，占 52%；11 个已批未建产业平台未来可提供招商面积 382 万平方米，占 17%。"十四五"期间东莞市预计可提供招商的产业空间不少于 6000 万平方米。①

第二，从结构看，东莞市综合型园区占比偏多，工改一类工业用地（M1）类仍紧缺。

从类型上看，东莞市 85 个产业平台中，产业转型升级基地 9 个，占地面积 1410 亩，建筑面积 283 万平方米，占 8%。M0 园区 25 个（不包括自用 M0），占地面积 4842 亩，建筑面积 1260 万平方米，占 37%。其他产业

---

① 本小节所用数据来自东莞市投资促进局。

园 51 个，占地面积 15860 亩，建筑面积 1860 万平方米，占 55%。85 个产业平台当中，规划打造为专业型园区（主导产业占比超过 40%）的只有 21个；其余 64 个产业平台是以多种产业灵活集聚的综合型园区，占 75%。

从实际看，成片改造的产城综合类项目如一批"头雁计划"项目，"居商"类占比突出，其产业空间以标准厂房为主，多适应轻工业生产，难以满足重化工业生产要求。目前在建或纳入计划的"工改工"项目以权属人自改为主，土地规模普遍较小，以租赁为主且实际可分割销售的产业空间有限。目前，市场上能够分割销售的工业园区如长安天工智谷、莞睿常平云谷等很受欢迎。

第三，从效益看，园区发展与区位、综合配套呈正相关。

从其中 33 个产业平台采集到的产值数据显示，2019 年这 33 个产业平台的总产值约 571 亿元，总税收约 20 亿元。产业转型升级基地的亩均产值504 万元，亩均税收 32 万元；其他产业园的亩均产值 495 万元、亩均税收 16 万元（见表 1）。产业转型升级基地亩均产值比其他产业园略高，亩均税收是其他产业园的 2 倍。产业转型升级基地是近年来东莞在政策上重点扶持建设的产业平台区，相较其他产业园有明确的准入门槛和管理规范，有更完善的软硬件配套以及可分割产权的优惠政策，能吸引更多优质企业入驻，园区的整体效益更好。

表 1　东莞市 33 个产业平台数据（一）

园区类型	亩均产值	亩均税收
50 亩以上的其他产业园（28 个）	495 万元/亩	16 万元/亩
产业转型升级基地（5 个）	504 万元/亩	32 万元/亩

资料来源：东莞市投资促进局。

从单个园区角度来看，33 个产业平台中，亩均税收前 5 名分别是高盛科技园、南城天安数码城、凤岗天安数码城（一期）、光大 We 谷和中集智谷（见表 2），这些产业平台在区位、综合配套及园区赋能方面较好。

表 2　东莞市 33 个产业平台数据（二）

园区名称	占地面积（亩）	2019 年产值（万元）	亩均产值（万元/亩）	2019 年税收（万元）	亩均税收（万元/亩）
南城天安数码城	420	2000000	4762	50000	119
高盛科技园	99	258000	2606	15800	160
凤岗天安数码城（一期）	255	300000	1176	17148	67
光大 We 谷	123	140000	1138	7600	62
中集智谷	402	260000	646	16000	40

资料来源：东莞市投资促进局。

亩均税收相对较差的后 5 名为区位、综合配套及园区赋能方面相对缺乏的产业平台，具体如表 3 所示。

表 3　东莞市 33 个产业平台数据（三）

园区名称	占地面积（亩）	2019 年产值（万元）	亩均产值（万元/亩）	2019 年税收（万元）	亩均税收（万元/亩）
豪丰环保专业基地	1062	250000	235	10500	10
力嘉环保包装产业园	247	32810	133	763	3
中创汇智汇创新产业园	150	18000	120	200	1
灵狮小镇	68	2000	29	50	1
万金高新产业园	90	2166	24	510	6

资料来源：东莞市投资促进局。

三　产村协同发展面临的主要问题

建设容易改造难。东莞"工改工"的难点是解决历史遗留问题，实现多方利益平衡。目前东莞"工改工"进展迟缓，有历史、政策和市场诸多方面因素。

1. 东莞房价上涨，"工改工"综合成本高

前几年东莞房价持续上涨，"居商"类改造项目受市场追捧，并引发

土地包括工业用地价格持续上升，"工改工"综合成本高、项目盈利难、市场动力不足。

近年来东莞面临超千万常住人口本土化的突出问题，需要解决包括住房难、教育难、交通难等一系列难题。2018～2020年东莞确立的发展战略是"湾区都市、品质东莞"，把提升城市品质当作政府工作重心。提升城市品质，房地产就自然是城市经营的重点。房地产是高度市场化行业，通过房地产发展带来庞大的土地财政，才能有效缓解政府财政压力，支持政府加大基建和公共服务投入，提升城市品质，同时也可快速改善城市面貌和生态环境。

东莞房价近些年来持续上涨，推动产业地产成本直线上升。据东莞市自然资源局对全市200多个改造项目的成本数据和20多个新型产业载体的租售价格数据，连片"工改工"项目的补偿物业面积约占总计容建筑面积的1/3，原权利人普遍期待"工改居""工改商"获取高额拆迁补偿，旧厂房拆迁补偿成本区间普遍为200万～500万元/亩。经测算，假设土地成本为200万～300万元/亩、贷款利率6%和建成后工业厂房可以全部分割销售，300亩连片"工改工"的工业厂房平均售价在达到6000元/平方米的情况下，才能实现3%左右的微利；如果工业厂房全部只租不售，盈亏平衡点租金为20～30元/平方米，静态投资回报周期一般超过20年。[1]

2. 土地碎片化，历史遗留问题多

在过去"多轮驱动"过程中，土地无序流转导致土地使用碎片化问题突出、权属分散复杂，违法违规用地普遍，解决历史遗留问题难度很大。

（1）土地碎片化、物业权属极其复杂

东莞市工业用地零散分布于2万多个地块，面积小于75亩的地块占比超90%。全市现有镇村工业园1965个，其中1293个属于企业或者私人工业园。集体土地无序流转导致权属极其分散，在529个村属工业园中，分

---

① 数据来自东莞市自然资源局。

属于企业、私人和村集体物业的各占 1/3 左右。

（2）历史遗留问题复杂，违法违规问题多

城市更新"掀开"了各类历史遗留问题，据 2018 年东莞市初步摸查，约有 4000 宗 4 万余亩违规协议流转土地。

第一，历史征地问题，部分工业用地虽然办理了国有土地证，但由于历史征地补偿低、以租代征、征地程序不完善、土地管理费等问题，村集体对项目改造提出利益诉求。

第二，普遍存在私下土地流转、挂靠使用等历史遗留问题。各类历史协议五花八门，初步梳理已有十多种，如何认定历史权属直接关系到村集体与用地单位的利益问题，处理这类历史遗留问题存在较大的法律风险、行政风险、审计风险。

第三，早期为了腾出用地规模，大量旧村、旧厂等建成区被划为特殊用地、生态绿地。如南城街道原诺基亚厂房于 1995 年前已建成使用，在土地规划中划为特殊用地。

3. 东莞"工改工"以市场化方式为主，拆迁推进难

东莞拆迁工作推动的难度很大，尤其是对于本来收益不高的"工改工"项目，拆迁就更难推进。东莞市"工改工"政策实行了最大程度的让利，政府不仅不收取土地收益，而且拿出财政资金给予奖补鼓励，但未能同时采取市场监管、城市管理、环保执法、安全生产、税务清查等合法合规的联合执法手段，拆迁进度慢。

4. 行政分割问题突出，政府统筹能力弱，服务保障难

东莞城市更新队伍建设落后，力量薄弱。各镇街专职人员不足，人员不固定、流动性大，政策和业务不熟，难以提供足够的服务保障。镇街城市更新工作机构普遍存在"无固定办公地点、无固定工作人员、无专门业务培训、无监督管理机制"等现象，处于"居无定所"的状态，部分镇街撤销了原设立的城市更新工作机构。

四 模式案例

　　"工改工"关系复杂，涉及政府、原权属人（土地所有者即村集体，土地开发使用包括转租、包租等）、新投资主体和新需求方（企业）等多方关系。在过去的开发建设过程中，村集体将土地流转给私人企业开发建设或者将集体物业包租给私人企业，形成了复杂的租约关系。二次开发时，村集体与原开发方可延长租期，或者村集体将土地收回；如引进新投资主体，村企如何合作又涉及关系复杂的利益平衡和博弈。总体上，进入高质量发展阶段，城市更新难度大、门槛高，属于重资产投资，具有综合开发能力的企业成为主要力量；村组集体作为集体土地所有者，在新一轮城市更新过程中仍发挥极其关键的助推作用。

　　按实施主体划分，"工改工"包括三大类：政府主导、权属人自改和单一主体挂牌招商。从实际情况看，目前实施比较顺利的多为权属单一的权属人自改类项目；权属复杂的成片改造的项目，无论政府主导或者市场单一主体挂牌招商都因为面对诸多难题、前期服务时间长，总体推进困难。

（一）权属人自改

1. 企业自行改造

　　该类项目权属单一，但根据地块性质不同，所涉及的产村利益关系差异很大，可分为两类。

　　第一类，项目地块属于国有工业用地，主要涉及跟政府的关系，与村社基本无利益纠葛。如东城牛山兴华工业园一期"工改M0"项目、大岭山豪顺精密"工改M1"项目、塘厦水电三局工业园"工改M1"项目（该项目属于国企自有工业用地，公司实力强，选择全部自持）、长安的知荣服饰"工改 M0"项目和企石华正物业投资有限公司"工改 M1"项目（非工业企业）等。目前，东莞"工改工"推进比较顺利的项目主要属于这类项目。

第二类，项目地块属于集体建设用地，企业进行改造如需要延长租期，则需要补偿村集体利益，需要与村集体进行谈判。如企石东莞 YF 投资有限公司地块项目，总面积 2.3353 公顷，全部为集体建设用地，需完善建设用地手续。从 2003 年开始，该公司按照流转出让合同支付企石东山股份经济联合社土地款。目前，该公司因为新开发投资大，希望延长土地使用年限，但就补偿标准与村集体存在较大分歧，导致项目即使拆迁完毕也无法顺利推进。目前，政府对国有工业用地延期有相应标准，但对集体建设用地延期设有出台有关政策，主要靠项目双方自行谈判解决。因为过去缺乏法律和政策指引，涉及集体土地的流转普遍不规范，集体土地以租代转，甚至存在不少"永租"合约。这类历史遗留问题要有效解决，需要政府干预，并出台专项政策给予指引。

2. 集体土地流转开发

如万江 SL 玩具有限公司项目，它是万江首个以集体土地流转方式实施的"工改工"项目，项目效益显著。它不仅盘活了集体土地资源，增加了集体收益，还同时解决了历史遗留问题，满足了企业增资扩产需求；项目投产后，不仅纳税额大幅增加，而且带动了社区发展活力。新修订的《土地管理法》支持集体土地流转并为集体建设用地赋能，这不仅为东莞过去的土地流转提供了合法化依据，也有望成为"工改工"的重要途径。

3. 开发企业收购改造

近年来，有一些房地产开发商布局城市更新，收购储备了不少旧厂房（该类被收购土地以国有居多，也有少部分是集体所有）。在"工改居商"被强力管控后，这类项目被迫转向"工改工"。这类项目因为开发企业已收购土地，村企利益关系已解决，其改造容易推进。

4. 村集体自改

根据合作方式，又分为村集体自改模式和村集体+产业运营商合作模式。考虑到东莞集体经济规模大，大量村集体资金沉淀在银行，村集体自改模式可充分发挥村集体能量，有效盘活农村"三资"，政府应出台专项政策重点鼓励支持，包括支持村集体回购土地和物业，并进行规模化改造经营。

（1）村集体自改模式

一般应用于权属比较单一、村集体经济实力较强且招商运营比较容易的区域。如塘厦林村即对村集体规模较小的工业地块进行自改。由于产业园区投资大，对招商运营能力要求高，大部分村集体自改物业以小型项目为主。

（2）村集体+产业运营商合作模式

一般来说，村集体综合开发专业能力弱。对于投资规模大的项目，村集体往往愿意选择村企合作模式。如东城牛山、虎门北栅、寮步横坑、道滘大岭丫等村集体都采取此种模式。这种模式有效解决了村集体在规划设计、报建报批、招商运营等方面专业能力、经验、资源不足和体制机制不灵活的问题。该模式涉及三方面问题：一是村集体和村民的利益如何得到保障；二是如何保证项目收益最大化；三是企业如何能够提供专业的园区运营。该模式又可分为村投资主导+企业服务合作模式、村企联合开发模式。其中，村投资主导+企业服务合作模式（见表4）本质上是传统"包租"模式升级。好处是：土地保持为集体性质，不用担心集体资产流失；不利之处在于：项目投资大，村集体承担较大投资风险，同时集体性质土地不利于招引大型企业。村企联合开发模式（见表5）有利于提高项目成功率、降低村集体投资风险，但要求集体土地部分转为国有，另外联合出资管理相对复杂，目前集体管理体制较难适应。

表4 村投资主导+企业服务合作模式

"工改工"后土地性质	集体土地性质不变
资金来源	村集体投入或村民集资成立股份公司
开发模式	村集体全资投入，集体资产不流失，管控开发
合作内容	1. 园区顾问服务，包括项目前期研究与可行性研究、项目前期策划、产品定位与规划落地，定制招商、代理招商、运营管理服务等园区全程服务，还包括完善用地手续、报批报建、拆迁等一级开发服务 2. 招商运营模式分为以下两种：（1）企业按约定价格统一承租，包括招商与运营管理；（2）代理招商及运营，承诺村集体保底租金，租金收入归村集体，企业收取招商佣金和运营管理费

表5 村企联合开发模式

"工改工"后土地性质	保证一定比例集体土地性质不变，约定部分土地改国有性质。国有土地具体比例根据投资比例、项目具体情况进行测算确定
资金来源	村集体投入、村民集资与企业共同出资，成立村企合作股份公司
开发模式	村集体出资占股，保证集体资产保值增值，共同管控开发
合作内容	1. 园区顾问服务，包括项目前期研究与可行性研究、项目前期策划、产品定位与规划落地，定制招商、代理招商、运营管理服务等园区全程服务，还包括完善用地手续、报批报建、拆迁等一级开发服务 2. 股份公司统一管理、统一招商、统一运营，项目收益按股权比例分配 3. 国有性质物业提前销售，为股份公司提前回笼资金成本 4. 村集体可提出若干年后的回购股份方案

资料来源：笔者对相关资料整理而成。

（二）政府主导

1. 直接由政府主导模式

政府征收集体土地物业，并通过招拍挂方式对市场供地，在这个过程中，主要涉及政府对集体土地进行征收过程中的利益分配问题。这种政府主导模式主要应用于房地产领域。在工业用地领域，因为政府拍卖的工业用地价格普遍不高，村集体很少愿意接受这种模式。

2. 国企土地整备开发

这种模式介于政府与市场之间，国企除了代表政府，还作为项目投资开发主体直接参与土地开发，具有双重性。总体上，政府大力支持，村集体也容易接受。村企有很强的参与积极性。一方面，村集体利益得到较充分满足，积极配合推进；另一方面，这类项目属于重资产投资，国企代表政府，有资本优势，同时也可在项目开发中盈利，本身具有双重优势。因此，项目的推进也相对容易。目前，东莞市政府下属国企力量较弱，可充分发挥市镇两级城投平台力量联合村集体组成联合体进行工改。这种模式在操作流程上仍不流畅，其操作模式主要参照单一主体挂牌招商模式，导致"工期"拖延。

（三）单一主体挂牌招商

该方式主要通过招引大型开发集团，重点针对成片、权属复杂地块进行综合类改造，这类项目多纳入"头雁计划"推进。

本文以 HF 集团石潭埔项目为例来说明。它是东莞市"拓空间"城市更新类试点项目，2019 年 6 月取得市政府批复同意实施，拟更新用途为传统产业、新兴产业、住宅及相关配套，配套建设小学、社区公园、体育公园、消防站、公交首末站并打通部分公路。该项目得以顺利推进，有多方面因素：其一，项目区位好，与深圳相邻，有轨道交通，实施产城融合改造，后续发展空间大；其二，市、镇、村三级大力支持，其中市政府高度重视深莞产业合作，塘厦镇政府努力打造深莞融合发展区，石潭埔社区作为直接受益人更是全力支持拆迁工作；其三，HF 集团来自深圳，有比较丰富的园区开发经验，有深圳产业资源优势，且项目谋划早、前期工作扎实。

五　对策建议

东莞推进乡村振兴关键是"工改工"。基于"工改工"的产村协同发展，需重点围绕产业环境的改善尤其是"工改工"来统筹协调推进旧村改造和美丽乡村建设。目前，东莞对"工改工"和乡村振兴的管理仍处在部门、地域各自为政的状态，缺乏强有力的规划引领和统筹协调机制，难以形成整体叠加效应。

"工改工"极其重要，也非常困难，需要有为政府、市场力量和村组集体多方协同。目前东莞市政府已制定"工改工"三年行动计划，但相关政策配套和实施细则仍然欠缺，针对历史难题缺乏高效政策支撑，政府部门间统筹协调性不足；镇街是政府政策执行和操作的主体，是"工改工"的主要推动责任主体，但镇街专业服务力量和能力明显不足；村组集体及村民是土地所有者，是主要利益方，在政村企协同中扮演关键角色，但传统集体经济管理体制机制仍然僵化，村组基层思想觉悟更有待提升。

（一）借鉴顺德经验，创新管理机制，努力处理历史遗留问题

顺德以"壮士断腕"的勇气果断淘汰落后产能和企业，破除土地资源低效供给，取得了显著成效，尤其是解决历史遗留问题的经验，值得东莞深入借鉴。与顺德一样，东莞传统工业园存在规划不符、规模不足、违法用地和违章建筑"两违"众多等难题，需借鉴顺德做法，以历史眼光客观处理历史遗留问题，促进土地集约高效利用。

1. 创新土地管理政策体系，有效化解历史遗留问题

应创新历史用地遗留问题解决机制，允许对符合"三旧"改造条件的违法用地作出罚款（处理）决定后按现状建设用地分类完善手续，简化历史违法用地处罚手续，提高完善用地手续的可行性和规范性，有效破解"两违"处置难题。

2. 创新"以改带征"等连片改造模式

将规划成片开发范围的村改项目和周边符合规划的农用地一并纳入征地范围，一体补偿，村集体收益整体高于单纯征地，增强了村居改造意愿。创新改造权公开交易模式，征地后先公开交易，再清退地上租约，利用收取的改造资金进行地上物搬迁，既保障了政府主导连片开发，又解决

了连片改造所需拆迁资金难题。

（二）拆建整治结合，重点对工业集聚区进行活化改造

近期住房和城乡建设部发布了《关于在实施城市更新行动中防止大拆大建问题的通知》，提出在城市更新中要严格控制大规模拆除、大规模增建、大规模搬迁，防止沿用过度房地产化的开发建设方式，片面追求规模扩张带来的短期效益和经济利益，探索可持续的城市更新模式。目前，东莞城市更新改造主要针对旧村、旧厂。总体上，20世纪八九十年代东莞建设所产生的、沿着马路或者围绕村组的一大批低端工业区或者产村混杂工业区，已普遍不适应高质量发展要求，不具有保存价值，只能因地制宜拆除重建；但也有超过一半的厂房建筑在2000年前后建成，建筑质量总体尚可，适合走拆除重建与综合整治相结合的道路。为此，可针对工业集聚区和相邻社区进行统筹规划，结合美丽乡村建设进行活化性的综合整治，按现代产业需求进行生产研发和办公环境改造，在统筹规划的前提下科学划定拆旧建新区域。这种活化整治方式，因为不涉及大规模的权益变更，更容易受到村集体和村民的欢迎，也更容易推进。目前，全市进行的美丽乡村建设，有效改善了生活、生态环境，但未将工业区整治纳入。在政策上可考虑将两者统筹结合，进行成片活化改造。

（三）加强规划统筹，避免无序改造，提升改造质量和效益

目前东莞城市更新延续市场主导的开发思路，主要由改造主体自主确定项目改造范围和方向后向政府提出改造诉求和申请。政府在项目准入上统筹把控不够，容易被开发主体牵着鼻子走。从近年"三旧"改造实践看，这种放任市场主体自行开发的改造思路，容易出现改造分散无序、改造类型单一、设施配套不足、城市品质较低、推进效率较慢等问题。应充分发挥政府在更新改造中的工作统筹和资源整合作用，引导市场主体按经济社会发展规划和布局开展更新改造。应加强规划衔接，加强改造更新引

导。建立健全项目准入审核机制,在改造区域准入、规划调整准入、改造主体准入、产业准入、环保准入、配套设施准入等方面加强统筹,合理引导改造主体诉求和市场预期。定期制订改造片区计划并向社会公布,以政府计划导向校准市场投资方向,引导市场资金和资源集中投放,加快推进连片改造开发,改变分散零星的市场化改造格局。

（四）创新产业政策,多措并举,为"工改工"项目降成本、添动力

可考虑创新弹性年期出让工业用地和土地年租制,灵活采用弹性出让、租赁、先租后让、租让结合等供应方式,企业可申请工业用地 20 年使用权,政府按照使用年限 50 年的市场评估价确定 20 年期价格,切实降低企业成本。围绕"工改工"适当配套相应比例配套型住宅用途（R0）,以商住收益反哺"工改工"。出台土地管理优惠政策,建立工业用地容积率调节机制,鼓励提高土地利用效率。创新工业厂房规范管理机制,出台更灵活的工业厂房分割转让政策,降低科技型初创企业和小微工业企业购置或租赁成本。严格限制一般自然人购买工业厂房,有效防止工业地产推高制造业成本。

（五）强化供需对接,支持引进具有产业导入、产业带动能力的专业开发运营主体参与

产业导入是"工改工"的关键环节。目前"工改工"项目普遍为先改后招商模式,供需脱节问题比较突出。广东省政府《关于深化工业用地市场化配置改革的若干措施》明确指出:"建立供需服务平台。市县级自然资源主管部门要会同相关主管部门依托现有的土地市场交易或供需平台,建立工业用地用房供需服务平台,汇集工业用地用房供需信息,引导工业企业通过平台发布用地用房信息,并为企业提供供需对接等服务。通过平台达成工业用地交易意向的供需双方,可转入土地交易机构进行交易。"因此,建立"工改工"供需平台,引导有需要的产业主体较早介入"工改

工"前期阶段，甚至形成订单式改造，这对项目推进有重要意义。政府应发挥统筹协调和信息优势，以产业企业为本，构建土地和产业空间供需对接平台和一体化管理机制。

在项目筛选上，按照产业转型升级要求，适当提高城市更新改造门槛，通过设立项目合格投资人库等方式对开发主体进行有条件筛选，鼓励有资本实力和产业导入能力的企业和项目参与开发改造，积极置换新兴优质产业链条。在工作机制上，借鉴佛山和南海的做法，探索将镇街层级的城市更新管理部门与招商部门合署办公，搭建招商引资平台，推动更新改造服务于招商引资，实现更新改造与招商引资工作无缝对接、有效联动。

（六）创新投融资方式，推动政银企多元化投入，提供资金保障

借鉴广州等地的做法，围绕土地整备和物业活化两大方向，打造"基金+土地+运营"的更新模式，撬动更多社会资金参与改造开发。探索运用新型投融资方式，帮助开发主体降低融资成本和提高融资效率。

政府联合金融机构创新推出村级工业园升级改造贷款产品，允许村居股份合作社作为借款人申请无抵押信用贷款，用于拆迁、补偿、安置、土地平整等前期费用，政府按规定补贴利息支出，村集体土地公开出让后收益用以偿还贷款本金。

政府强力介入一级土地整理，强化协调推动，减轻企业土地整理压力。实施土地市场一二级联动改造，允许村集体公开招选社会资本作为合作方，完成土地整理后直接协议出让土地进行开发建设，打消企业的顾虑；建立用地功能配比优化机制，平衡不同用途地块的经济效益，极大地激发社会资本的积极性。

（七）突出产村协同，改善产业配套和人居环境品质

东莞过去因"多轮驱动"、产村协同，形成了大规模的农民房，这些

农民房不可能完全"大拆大建"、推倒重建，相当部分只能走"微改造"的综合整治道路。为此，东莞市应利用美丽乡村建设的机遇，对全市村社人居环境状况进行综合评估、统筹规划，分类推进。可借鉴先进地区经验，着力突出村社规划建设和农民房的综合整治。同时，要改变过去单村实施改造中的土地碎片化问题，突出成片连廊式改造，加强生态保护，改善人居环境。要建立农村人居环境整治长效管护和运行机制。村社尤其是城中村的综合整治，应以有机更新为理念，统筹安排拆除重建和综合整治，科学、规范、有序开展。

（八）深化体制改革，分类探索，努力提升集体经济质量

集体经济发展与共同富裕主题相符合，接下来重点要做大放活。为此，应深入推进农村集体资产交易和监管制度改革。引导支持村组两级集体经济组织推进厂房、物业、土地等资源要素的统筹整合和集约化利用，探索推动"镇级统筹、镇村共建、利益共享"的发展模式，主动对接和着力引进各类优质重大项目，促进农村集体经济的提质增效。应探索集体经济市场化投资运营机制，鼓励村企合作，探索公司化改造。鼓励村（社区）以土地或物业入股、村民（社区居民）和市场主体以资金入股合作方式，成立新型合作组织，通过自主开发或合资合作、产权租赁、物业回购等方式，推进"工改工"，有效整合集体土地、物业资源和村（居）民资金投入"工改工"。支持村社以土地、物业和资金等资源，参与城市开发、产业投资和物业投资，推动发展投资型经济。

打造都市型工业载体支撑先进制造研究[*]

当前，粤港澳大湾区亟须破解工业发展土地瓶颈制约问题。顺应制造业服务化、高端化发展和新型城镇化发展要求，重点针对土地资源紧缺与错配矛盾，以及传统租赁经济和"三旧"改造面临的难题，必须供需两侧发力，产城协同发展。其中，需求侧方面，要制定好工业企业资源利用绩效评价和政策引导机制；供给侧方面，在加强新型"空间规划"的同时，应着力推进传统工业园向都市型工业载体升级，重点发展工业楼宇和都市型工业园，支撑粤港澳大湾区（以下简称"大湾区"）先进制造业发展。

一 传统工业园及集体租赁经济模式，已难以支撑大湾区先进制造业发展

传统工业园土地利用低效、生产生活环境"脏乱差"，已无法适应大湾区建设现代化产业体系的高质量发展要求，亟待改造提升。

其一，传统工业园特别是镇村工业园空间和人居环境已不适应大湾区

＊ 本文原载广东省社科联《南方智库专报》2019 年第 6 期，由胡青善主笔，与张勇、岳芳敏、陈世栋合作完成。

先进制造业的发展需求。改革开放以来，珠三角村组基层充分发挥土地资源优势，建设"村、厂"一体的工业园，发展租赁经济，适应了工业化起步阶段的发展要求，为珠三角快速工业化和城镇化作出了重大贡献；但"村、厂"不分的厂房、商铺和"小产权"性质的"农民公寓"，出现了产业空间混杂和人居环境品质不高的后遗症。这种低效粗放的土地开发模式和集体产权一起形成了发展路径依赖，导致新培育和引入的新兴产业及先进制造业无法获得发展空间，这种局面已无法适应产业转型升级的要求。

其二，传统集体经济及其租赁模式，已难以适应现代市场经济发展要求。传统工业园区及配套建设的沿街商铺和农民公寓，本质上是小农经济形态的延续（从种地到"种房"）。这种土地利用模式适应了工业化早期阶段低成本需求，但无法适应城市经济、创新型经济发展要求；不仅资源利用低效，还产生了一大批"食租"阶层。这些庞大的"食租"阶层坐享土地增值和城市发展红利，部分人群在城市更新过程中往往"一夜暴富"，对相似人群产生了强烈的拆迁暴富预期，给城市更新造成巨大阻力。在体制机制上，集体经济由于实施股权固化和平均股权制度，村民（股民）往往以短期利益为目的，管理层自主经营权有限，内生发展动力不足；且村社基层管理人员大多不具有现代经营理念，往往死守租赁经济模式，更无法参与市场竞争。近年来，各地重点从资产交易和财务监管平台等方面对集体经济进行了规范管理，有效抑制了基层腐败，提高了基层经营性收入，但同时也催生了"二手房东"行业，进一步导致土地权属分散和厂房炒作，推高了工业企业用地成本和城市更新难度。

二　都市型工业载体主要模式及创新探索

当前，以"科产城人"融合发展为主要特征的新型产业园成为产业发展的重要载体。鉴于这类新型产业园区的城市化特征，可称之为都市型工业载体。其中，以是否承载工业生产为划分标准，都市型工业载体又可分为非工业生产型和工业生产主导型。

（一）非工业生产型都市型工业载体

非工业生产型都市型工业载体主要有科技孵化器和各类特色产业园或特色小镇。这类园区主要满足科技创新型企业、现代服务型企业和中小总部型企业的要求，以天安数码产业城为代表。经过10年的快速发展，目前这类写字楼型园区渐趋饱和，部分城市或者地区由于发展太快，甚至出现严重过剩。这类园区土地来源和运营模式多种多样，大体上分为三大类。

"旧改"类。主要满足新业态、创新创业型中小微企业和现代服务（如信息服务、电商）类企业需求，主要盈利模式为租金+服务，如东莞高盛科技园。

新建类。主要靠产权分割销售+服务+商住配套盈利，总体满足处于加速阶段并希望拥有自有物业的科技型、现代服务型企业的需求，如天安数码产业城。

产业地产类或特色小镇类。以华夏幸福为代表。大多属于"产业+地产"模式，产业促进地产升值，主要盈利模式是房地产，其对工业发展和企业服务重视程度相对较弱。目前存在的非常突出的问题是部分不良商家利用"旧改"政策漏洞，以产业地产为名，拿低价工业用地搞商住开发，这对产业升级尤其是先进制造业的发展构成严重威胁，亟须整治。

（二）工业生产主导型都市型工业载体

随着土地资源日趋紧缺和制造业向服务化、高端化发展，工业楼宇化、园区都市化和"科产城人"融合化发展成为重要趋势，工业生产主导型都市型工业载体由此成为发展重点，主要包括工业楼宇和都市型工业园。

1. 工业楼宇

目前，国内一些发达地区如上海、深圳等地，由于工业用地资源极其紧缺，产业发展被迫向天空要空间，通过建设高层标准厂房，提高土地容积率，实现土地节约集约利用。上海较早提出发展都市工业楼宇（大厦）；深圳近年来也重点发展工业楼宇（大厦）；佛山市顺德、南海目前重点推进村级工业园升级改造，建设一批新型工业楼宇。

2. 都市型工业园

基于土地资源紧缺和各类先进制造业、科技产业、轻型产业、绿色制造型企业对高标准产业环境和综合配套服务的需求，同时更针对非工业型园区过剩问题，东莞围绕打造大湾区先进制造业中心，积极探索发展"科产城人"融合发展的都市型工业园。其中，东莞松湖智谷不仅是新型产业用地和工业空间分割销售等创新政策的实践典型，也在探索"六化"建设模式（即土地集约化、工厂楼宇化、产业集群化、服务公地化、工作智能化和生活都市化），已成为东莞推动产业和空间双更新的样板。

松湖智谷原为寮步镇香市工业园，寮步镇通过引进专业园区开发商，在充分调研的基础上，打造以先进制造业为主，集科技企业孵化器、战略性新兴产业加速器、中小企业上市公司和拟上市公司总部基地于一体的东莞制造业转型升级示范产业园。园区在建设一批工业楼宇作为产业主要载体的同时，配套建设包括公园、人才公寓、幼儿园、小学等在内的一系列城市公共设施，满足产业与人的综合发展需求，取得了"科产城人"融合发展的示范效应。松湖智谷的主要创新经验如下。

政府方面，扬长避短，有所为、有所不为。"有所不为"方面，政府清醒认识到自身边界，没有采取成立国有企业主导园区开发的传统模式，也不是采取简单"招拍挂"获得短期"土地财政"模式，而是将产业发展和税收财政模式放在首要位置，采取政企联合发展模式；"有所为"方面，政府出台新型产业用地政策，允许园区工业用房进行产权分割销售；同时对工业用地价格让利，但要求严格监管企业投资强度和税收贡献，保障政府税收财政的可持续性。

市场层面，松湖智谷发挥专业运营服务优势，全方位满足市场需求，协调政府与企业利益多方平衡，实现多赢格局。体现在园区定位上，精心规划设计以都市型工业园为载体的产业空间发展新模式，有效满足了生产性企业的综合需求。松湖智谷项目运营方面，致力于走"六化"新路子，发展都市型的产业新空间支撑高技术产业、战略性新兴产业和现代服务业的发展；制度设计上，既有效实现了"政府税收与生态环境"保障，又实现了产业可持续发展。

随着大湾区建设加快推进，更随着土地资源的日渐紧缺，可以预见，类似松湖智谷这类为先进制造业发展提供高品质承载空间的都市型工业园，有望成为大湾区先进制造业发展的主要模式，其发展对于推动广东省尤其是珠三角地区产业转型升级和城市更新将有重要意义；松湖智谷创新的政企合作模式，对推动地方政府实现从土地财政向税收财政的转变，也有着积极的示范意义。其一，可有效满足先进制造、高技术产业、绿色制造等各类都市型工业的综合需求，避免城市出现产业空心化；其二，以工业楼宇为主要载体，可实现"向天空要空间"，高效利用土地空间资源；其三，推动"科产城人"融合发展，城市配套与产业发展同步推进，可有效减轻城市公共服务负荷，尤其是城市通勤压力；其四，实施"政府主导、市场主体"政企合作模式，有利于发挥政企各自优势，强化政府监管，推动地方政府土地财政向税收财政转变。

三 加快发展都市型工业载体的政策建议

当前，支撑大湾区先进制造业发展，必须同步推进产业升级与城市更新，供需两侧发力、多层面综合推进土地资源节约集约高效利用，重点发展都市型工业载体。

第一，强化需求侧引导，建立工业企业资源利用效益评价与政策引导机制。重点借鉴浙江"以亩产论英雄，以集聚促转型"的经验和做法，在省、市两级建设工业大数据平台，打通工业企业信息"孤岛"，全方位摸清工业企业资源利用绩效情况，并科学制定工业企业资源利用绩效评价和政策引导机制，淘汰传统以规模大小论英雄、以纳税多少论英雄的简单方法，用经济杠杆撬动需求侧，建立综合效益评价体系，以企业亩产效益考评结果，实行差别化减税和奖励并行等措施，对企业进行绩效等级划分，并将政府相关政策与企业绩效等级排名挂钩，倒逼工业企业提高土地空间等资源利用率，实现资源节约集约使用和市场优胜劣汰，加速产业转型升级，倒逼企业节约集约利用资源。

第二，强化供给侧支撑，针对都市型工业园发展趋势和需求，综合制定包括新型产业用地（M0）、工业厂房产权分割等创新政策，促进土地空间综合高效利用。目前，深圳、佛山和东莞等地先行先试，探索包括新型产业用地、工业厂房分割销售和产业保护区政策，已取得了显著成效。但针对新型产业载体或产业综合体的发展，还缺乏系统研究和政策设计。其中，新型产业用地（M0），基于深圳、东莞等地先行先试和成功经验，有必要在广东省政府层面出台政策，从准入条件、规划管控、土地价格、产权分割、履约监管等方面明确新型产业用地（M0）管理的基本原则和要求，并优先在大湾区广深港澳科技创新走廊、重点区域、城市更新单元、市镇联合重点招商地区等区域试行，总结经验后在全省推广。

第三，强化产业政策引导，创新政企合作模式，改善提升产业空间。打造都市型工业载体，需产城协同、政企合作。其中，园区和产业方面，市场有天然优势；城市方面，则离不开政府支持乃至主导。实践证明：政企高效合作是成功打造都市型工业载体的关键。为此，政府应积极作为，加强城市规划和政策引导，导入政务服务和市场监管；重点推动村级传统工业园向都市型工业园升级改造，拓展先进制造业发展空间。可重点推广松湖智谷打造都市型工业园、创新高质量发展样板，按照"政策引导、镇村主导、市场主体、社会参与"原则，整合集聚各级政府和市场力量，强化新型"空间规划"对项目的控制和引导作用，大力发展都市型工业园，高效盘活存量土地资源，改善产业发展环境，促进经济高质量发展。

第四，强化土地统筹力度，加快集体经济转型，破解产城低效双锁定困境。重点针对珠三角地区大量"半工业化""半城市化"区域，按照因地制宜、多渠道、多方式进行村社土地资源统筹，重点探索"统筹开发、利益共享"发展模式，破解集体土地权属复杂、使用低效的瓶颈。充分发挥政府用地指标的引导和控制作用，引导政府、村社与市场多方合作开发。在激发村社基层与市场积极性方面，鼓励村社将土地直接作为资产入股参与工业项目建设；加强土地统筹管理，加强土地整备，重点支撑都市型产业园区发展。完善工业配套，加大餐饮、人才公寓、休闲娱乐、就医就学等配套建设。重视村社规划，做到"无规划不发展"，成熟一片开发一片。

东莞加强土地整备利益统筹策略研究[*]

加强土地整备，是东莞"双万"新起点高质量发展的客观需要。从城市发展来看，国内与东莞最具有可比性的城市是苏州，但发展至今东莞与苏州相比差距甚远。究其原因，关键在于土地开发模式。从 20 世纪 90 年代起，苏州打造高水平的工业园和高新科技园，形成了以园区和政府主导的土地开发模式，不仅为引进培育优质企业提供了强力保障，也为城乡可持续发展提供了强力支撑。2000 年后东莞才陆续建设松山湖高新区、滨海湾新区、水乡功能区，特别是松山湖高新区取得了显著成绩。但在"多轮驱动"土地开发模式下，东莞土地碎片化问题严重，产城发展水平较低。进入高质量发展阶段，基于碎片化土地开发模式的点状改造无法适应战略性新兴产业发展和新型城市化要求，东莞亟须加强连片土地整备和产业集聚区升级改造。

一　土地整备实施现状

2019 年以来，东莞将土地收储作为全市"拓空间"战略实施的重要路

---

[*] 本文原载《东莞咨政内参》2022 年第 8 期，由胡青善与陈明辉、王亚哲等合作完成。

径，搭建了土地收储整备机制。2018～2020 年，东莞市政府整备征拆方面，共完成征地拆迁项目 349 宗，涉及土地面积 1.71 万亩，涉及建筑物拆除面积 658.12 万平方米。城市更新方面，2018～2020 年，东莞市累计完成 466 个项目，总面积 2.59 万亩。① 东莞市土地装备主要呈现几个趋势性特点。

第一，从宗地收储转向片区收储。如水乡功能区八大单元和近期实施的"4+2"标准化产业片区土地整备，不但为优质产业项目提供了宝贵的连片充足空间，还为公共服务设施等项目落地提供保障。

第二，从点状改造转向连片改造。传统更新改造模式，市场主体往往"吃肉留骨头"，挑选面积小、成效快的项目，导致土地增值收益分配前后失衡、规划实施不可持续、大产业空间和大公共设施项目部署难落地等问题。近年来，东莞重点突出工改"头雁计划"，着力打造一批能承载大项目、大产业、大集群的专业化园区，取得了一定成效。

第三，从单兵作战转向利益共享。如松山湖高新区收储东部工业园 6520 亩土地，在规定补偿费用的基础上，增加土地入市增值收益，土地的产值越高，集体的分红收益越大，有效提升了镇村参与积极性。

二 土地整备过程中的主要问题

第一，土地整备以白地为主，碎片化问题突出。从质量看，2018～2020 年，东莞全市土地收储前无附着物的土地面积约 3.6 万亩，占全部面积的 95% 以上，土地整备更多的是针对集体农用地和未利用地，存量建设用地的整备由于利益复杂、成本较高，目前较少涉及。从地块面积看，2018～2020 年东莞全市收储地块共 433 宗，收储面积 3.79 万亩，平均宗地

---

① 数据来自东莞市自然资源局。

面积只有 87.6 亩。[①]

第二，以货币补偿为主，利益统筹方式较单一。由于货币补偿形式简便、操作快捷，在实际操作过程中多以货币方式统一落实所有补偿和利益共享。但村集体治理现状、区域产业发展程度等情况各不相同，统一采用货币补偿，无法满足被补偿主体多样化、个性化需求。部分农民就业能力弱，在一次性货币补偿耗尽后，容易成为生活无保障的失业群体。

第三，不同项目利益差别大，村集体整备意愿倾向性强。对于经营类项目，村集体按最低比例分配，其所得利益仍然远超产业类项目的利益共享。产业用地公开出让时，政府为了维持产业竞争优势，出让价格相对较低，其出让收入往往只能勉强维持成本，并没有多少收益返还给村集体，而税收奖励又需要项目未来的持续经营作保障，存在一定的风险。村集体在整备意愿方面具有明显的倾向性，对于经营类项目往往态度比较积极，愿意配合工作，而对于产业类项目和公共基础设施建设项目则缺乏积极性，此类项目往往进展缓慢。

第四，市、镇、村利益诉求差异大，多方博弈难平衡。市政府需要实现城市综合发展的目标，用以保障产业升级转型，促进公共服务和基础设施建设；镇政府往往更加关注项目实施难度、村集体意愿高低、整备成本和收益能否平衡等问题；村集体和村民则希望有稳定收入来源以保障长远收益，关注补偿标准是否公平一致、补偿费用能否及时足额发放、土地出让收益分配是否合理等。不同利益诉求会有不同选择倾向。在反复博弈过程中，很可能导致目标变化、进程缓慢。此外，市镇整备成本收益平衡逻辑不一致，也影响了镇、村的积极性。

---

① 数据来自东莞市自然资源局。

三 政策建议

党的二十大报告提出："构建优势互补、高质量发展的区域经济布局和国土空间体系。"国内外宏观调控实践充分证明：当市场"无形之手"失灵时，政府"有形之手"恰可发挥关键作用。东莞新一轮高质量发展，无论是土地整备、城市更新，还是传统工业园区的升级改造，一方面需充分调动市场和村组基层积极性，多渠道多模式推动传统工业园区升级；另一方面需抓住房地产市场不景气阶段机遇，强化规划引领管控，发挥政府主导作用，突出推进连片土地整备改造。

（一）强化政府统筹，聚焦连片整备改造

第一，强化政府主导。政府规划在新型城市化建设方面发挥引领和调控作用。过去，东莞土地开发无序混乱，归根结底在于未能充分发挥政府规划的作用。新一轮新型城市化建设必须充分发挥政府规划的引领和调控作用。针对连片土地整备，要强化前期规划设计、片区策划、实施方案的编制和控制规划调整工作，锚定土地增值的预期收益；由属地政府统一制定拆赔执行标准、物业建设标准，在市场合作和拆迁谈判中把握刚性的话语权；成立现场指挥部、国有开发平台公司作为谈判、实施和资金运营的抓手。

第二，加强市级统筹。从全市发展格局和产业空间布局出发，打破现有空间资源的分割限制，上升到城市整体规划建设战略，立足全市一盘棋，以资源统筹为总抓手，增强市级对关键资源、核心环节的统筹配置力度。构建市级统筹规划与招商、片区平衡、产业与空间融合、补偿与程序统一的新型土地整备模式，实现集中连片土地供给。

第三，突出连片整备。不同于一般城市更新和小规模的"工改工"项

目，连片改造尤其"工改工"项目的本质是要改变对土地的低水平产业化利用格局，建设高水平新型产业园。其发展不同于房地产项目，属于长周期投资，涉及产业城市诸多方面。连片"工改工"项目必须统筹考虑多方利益平衡，不仅要照顾原土地物业主体眼前利益，更要考虑后续产业发展成本。目前东莞市场化的单一主体改造模式往往以短期盈利为目的，很难实现综合发展目标和长远发展目标。接下来，东莞应参照《广东省村镇工业集聚区升级改造攻坚战三年行动方案（2021—2023 年）》要求，不断探索新模式，敢于突破机械的"三旧"类型划定，在"三旧"用地与新增用地混杂、不符合规划的片区，试行大片区统筹，综合运用城市更新、土地整备、规划调整、生态修复等政策组合拳，统筹整合新增用地和存量改造，实现增存联动、连片开发。

（二）强化城市经营，突出高质量、可持续发展

第一，从以经营性用地整备为主回归产业用地整备。面对经济下行和财政紧张的压力，必须树立"经营城市"理念，探索长效运营，从以经营性用地整备为主回归到产业用地整备上来，通过未来可持续的税收等现金流来平衡初期整备成本、相关基础设施建设的支出，实现从短期的静态平衡转变为注重长期可持续发展。

第二，探索实行重大基础设施建设项目打包模式。针对目前整备成本不断提高、整备项目收支难以平衡的情况，一是可以借鉴武汉重大基础设施建设项目打包模式，将重大基础设施项目与用于资金平衡的相应土地打包，通过储备相应的土地，将土地出让净收益拨付给相应项目责任主体，用于重大基础设施建设项目，实现项目总体资金平衡。二是针对中心城区、重点区域部分土地储备成本过高问题，借鉴武汉做法，综合核算土地储备成本，将出让地块规划净用地范围以外的市政及公益性设施用地的储备成本通过城建资金等其他渠道另行解决。

第三，总结推广成功案例。强化"经营城市"理念，形成正循环。

2020 年，按照"经营城市"理念，东莞市自然资源局将石马河流域土地收储工作作为五大流域土地收储试点的探路石，探索出流域治理和土地开发平衡新模式，通过流域治理拉动土地资源升值增值，为落实治污任务、完善基础设施等提供了重要保障。2022 年"4+2"标准化产业片区中，为支撑高标准建设产业片区投入，通过市级规划资源投放，联动实施"居商"类项目统筹解决方案，实现片区财务动态平衡。接下来，可进一步总结推广已有成功经验，立足自然资源资产运营，合理规划土地用途和空间布局，提升土地资源价值，实现土地整备和城市开发总体平衡。

（三）创新利益共享机制，充分调动各方积极性

第一，鼓励采取多种方式补偿。东莞市政府可通过设定回购物业价格、面积、类型的标准对物业回购的成本和规模进行总体把控。所置换物业可由政府指定的国企或平台单位在整备范围内，按政府标准统一规划、集中建设和招商，保障产业片区的规模效应和集聚效应。

第二，完善对公共设施的规划与分配。东莞在连片土地整备项目中，对部分面积较大独立占地的公共服务设施，如涉及多个村集体的土地，可借鉴广州城市更新做法，按各自分配到的独立公共服务设施建筑量折减各自所占地块非独立占地公配建筑量等方式协调各方利益。也可借鉴武汉市将重大基础设施项目与用于资金平衡的相应土地打包的模式。即通过整备收储相应的土地，由东莞市土地储备中心委托相应项目责任主体或由其分支机构整理储备后交由东莞市土地交易中心统一挂牌出让，土地出让收入全额上缴东莞市财政，东莞市财政在核拨土地开发成本和按政策计提相关专项资金后，将土地出让净收益拨付给相应项目责任主体，用于重大基础设施建设项目，实现项目总体资金平衡。

第三，建立整备成本、增值贡献和利益分配比例挂钩机制。综合考虑市、镇、村三者在土地整备过程中投入的资源要素对整备地块土地增值的贡献程度。可参照更新单元容积率计算方式，通过建立相应的评价体系，

设置不同的折算系数,将各类因素折算为各自对于土地增值的贡献。最后通过赋予整备成本、增值贡献相应的权重,通过计算得出市、镇、村各级土地增值贡献分配比例。

第四,连片土地整备不分规划用途,加强统筹统分。在连片土地整备利益统筹过程中,由于土地涉及多种规划用途,按照以往的利益共享规则,不同规划用途的相邻地块之间可能产生较大的增值利益差异,容易引起相关权利人对补偿和利益分配的异议。因此建议借鉴水乡功能区、威远岛实践经验,在连片土地整备利益统筹实施过程中,针对有利益共享的地块,采取统征统分、整体核算模式,不受地块未来规划影响,各权利主体按土地面积比例,以统筹统分、逐宗补偿的方式实现单元内部增值共享、利益平衡。

(四)创新投融资模式,整合市镇村力量协同推进

第一,创新政信村合作模式。可通过设立土地整备信托基金,专项用于整备项目。在项目投建期间,村集体资金可通过参与认购信托计划获得一定利率的理财收益。在项目建成运营后,参与认购信托计划的本镇街村组可优先将资金转为建成的项目公司股权,作为股东可享有项目公司长期利润分红,及享受资产升值带来的回报;而其他镇街村组的资金则可及时收回本金和收益,退出信托计划。通过推动落实政信村合作模式,调动村组集体资金投入到土地整备项目中,让集体资产发挥效用,有效缓解市、镇两级政府财政压力。

第二,合理分配土地补偿和安置补助费。根据《东莞市农村(社区)集体资产管理实施办法》,集体经济组织在新增被征收土地及出让集体所有土地使用权过程中,归集体所有的一般不少于70%。而顺德按照《关于股权量化股份合作社资产的实施细则》,土地补偿费和安置补助费作为集体经济组织的资产,按集体占20%、个人占80%的比例进行量化,其中个人部分按所持股份一次性分配兑现,使农民的利益最快最直接地得到落

实，极大提升了被征地村民的积极性。建议借鉴顺德经验，适当提高个人土地补偿款分配比例，提升村民参与整备的积极性。

第三，深化集体经济体制机制改革。当前东莞建设"湾区都市、品质东莞"面临城乡土地和治理"二元分割"矛盾，乡村自治和高占比集体性质土地，已严重制约东莞产城升级尤其城市化发展。建议深入研究深圳和珠海等地经验，加快推进新一轮集体经济和基层治理改革，支持城市更新和城市化发展。重点要支持集体经济市场化发展，引导支持村组两级集体经济组织推进厂房、物业、土地等资源要素的统筹整合和集约化利用，探索推动"镇级统筹、镇村共建、利益共享"的发展模式，主动对接和着力引进各类优质重大项目，促进农村集体经济的提质增效。探索集体经济市场化投资运营机制，鼓励村企合作，探索公司化改造。鼓励村（社区）以土地或物业入股、村（社区）群众和市场主体以资金入股的合作方式，成立新型合作组织，通过自主开发或合资合作、产权租赁、物业回购等方式，推进"工改工"，有效整合集体土地、物业资源和村（居）民资金投入"工改工"。支持村（社区）以土地、物业和资金等资源，参与城市开发、产业投资和物业投资，推动发展投资型经济。

周屋调查：乡村振兴背景下的都市乡韵*

周屋社区属东莞市东城街道，面积仅 2.7 平方公里，常住人口近 1.2 万人，其中户籍人口 2700 人。周屋本土人氏多姓周，为宋代理学大师周敦颐后人聚居地。农业时代，周屋因近东江，处于寒溪河、黄沙河交汇地带，水利方便，适宜水稻耕作、果蔬种植；工业时代，周屋因靠近莞龙路、环城路，交通便利，加工制造业得以率先发展；都市时代，周屋距东城中心区仅 8 公里，虽面积狭小，土地资源缺乏，房地产发展滞后，却以都市里的最大一片稻田成为"网红打卡地"。

改革开放以来，东莞凭借区位优势和政策春风，在工业化和城市化浪潮中，创造了许多奇迹。周屋，作为基层村社，迅速跨越了农业时代、工业时代、都市时代，走出了一条城乡一体、产村融合发展的成功道路，可谓东莞现代化发展的典型缩影。

2000 年以来，东莞围绕"一年一大步，五年见新城"的工作思路，掀起了规模浩大的城市建设热潮。20 年来，东莞城市发展经历了从无到有、从有到好、从好到优的发展阶段。尤其是中央实施乡村振兴和粤港澳大湾区建设战略以来，东莞制定"湾区都市、品质东莞"战略，高规格启动城市品质三年提升计划，从"市、镇、村"三个层级、统筹推进"十大领

---

* 本文为东莞市委宣传部委托调研报告，由胡青善主笔。

域"工作,全力推进城市品质取得显著提升。在村级层面,周屋是美丽幸福村居建设的典范。当城区高楼林立之时,周屋却保留了整个城区最后一片稻田,成为乡愁记忆的"网红打卡地"!当前,东莞面临"三区"叠加新机遇,正加速进入以城市升级带动经济社会发展的新阶段。站在新的起点,周屋社区正焕发新面貌、绽放新精彩!中国工程院院士何镜堂、中国科学院院士吴硕贤分别到周屋社区考察并高度称赞。

一 乡愁记忆:东莞市区最后一片稻田

出于对乡土农田的眷恋,早在 1999 年周屋人就保留了村前近 700 亩田地用以建设农业示范区,村里统一经营,全程机械化,统一育秧、统一管理、统一耕作、统一收获、统一分配。

夏秋收割时节,尤其傍晚时分,稻田一片金黄!小朋友想知道"稻谷的模样"、了解"大米从哪里来",三五成群穿得花花绿绿的少女们为"网红打卡"、发朋友圈,住在城区的老人们想体验一下丰收的氛围,于是人们纷纷赶来,像是赶集,颇为热闹。

进入都市时代,周屋社区因保留了东莞最后一块大面积稻田而成为远近闻名的网红打卡地,成为一个既有农田生产功能,又有生态保护和休闲观光功能的都市农业生态园。

二 产村融合:工业化与城市化浪潮中的周屋

时光倒流到 20 年前。那时,东城仍叫附城,顾名思义就是依附莞城之意。那时在莞城姑娘黄××的母亲看来,周屋仍是乡下农村。黄××不听母亲言,初嫁周屋,就感受到了乡与城的差距、差别。新婚之日,周屋规矩特多，不像城里简便，比如祭拜仪式，神婆念唱几个小时，新媳妇就要跪拜几个小时；又如新媳妇挑水仪式，也就装个样，惹得从未挑过水的城里姑娘在姐妹们面前闹笑话，各种仪式烦琐得让黄××很难堪。

2000 年，伴随着快速的工业化步伐，东莞开启了城市化扩张进程。因为老莞城实在太小，紧挨莞城的东城也开启了城市化发展步伐。附城由此改名为东城，成为新城区。随着一批批新村、新街、新楼迅速建成，周屋也逐渐纳入了城区发展范围。

隶属新城区的周屋，此时跟其他村社一样，充分利用邻近莞龙路和环城路的优势，开足马力招商引资、搞建设、发展集体经济。但周屋面积实在不大，除去村前一大块农保地以外，可用土地资源有限。无论建工业园还是村庄，周屋人不得不精打细算、注重规划。周屋的村庄建设，充分利用村前稻田和后山荔林风景，从旧时传统低矮的砖瓦房、工业化初期的民房到现代乡村别墅，层次分明、井然有序、巧妙利用，形成依山傍水的格局。

周屋工业化进程在 2000 年进入高潮。2000 年周屋全村户籍人口不过1896 人，但因工业发展集聚的外来人口已达 1 万多人。全村集体经济快速增长，总收入达 2258 万元，人均收入达 6852 元。周屋全村累计投资16265 万元，修建混凝土道路总长 45 公里，建标准厂房 60 栋，总建筑面积 60 多万平方米，商业街总长 3 公里，商业铺位 450 多间，大型商场 2座，农贸市场 1 个，公园 1 座，小学 1 所，工业园区 1 个，工业企业 60家，新建农民住宅 300 多间，周屋的工业园区、宜居村庄和生态环境协调发展格局已初步成形。[①]

三 乡村振兴：从农田示范到美丽村庄

党的十八大以来，党中央高度重视乡村振兴和生态绿色发展。周屋稻

---

① 数据来源于《东莞市东城区志》及一手调研数据。

田作为东莞城区最后一片乡土记忆，引起了上级政府的高度重视。

在乡村振兴的春风吹拂下，周屋连同周边的余屋和温塘社区一起作为东城街道美丽幸福村居连片示范区建设。市和街两级政府共投入 1.3 亿元对周屋稻田及周边区域进行了大规模基础改造。项目针对片区工业集聚、人口众多情况，综合利用莞式传统村居与山水农田景观资源，借鉴海绵城市建设与美丽乡村建设理念，将周屋稻田周边的田埂小路，作为慢行系统全面贯通升级，并增设彩色树种，把节气文化、家训文化、农耕文化融入片区建设中，将片区打造成为以历史风貌游览、莞式人文体验、生态农业休闲、产业创新升级为特色的东城美丽村居综合发展示范区。项目融合海绵城市、绿色建筑、垃圾回收等先进技术手段，打造生态文明建设的先行区。同时，对沿河绿道、城市道路、基础设施、公园广场进行整治改造，充分激活生态资源，提升人居环境品质；围绕农耕文化、民俗文化、创意文化三条主线，集中力量打造稻乡小镇，打造东莞乡村旅游的新名片。

所谓"失之东隅，收之桑榆"。周屋片区美丽村居的建设，整合了田园、湖泊、宗祠、民居、树木、民俗与滨河空间等资源，新建了包括荷花池公园、周屋公园、润园博物馆、水蒲桃公园、稻香书院、大地连廊等一批设施，实现了社区整体风貌和景观环境品质的大提升，为周边工业区创造了良好的生态环境，成为外来工安居休闲的风水宝地，为企业吸引人才、留住员工发挥了不可替代的作用。

在抓经济发展和环境建设的同时，周屋人也非常重视乡村文明建设。为满足村里老人活动需求，周屋建设了环境舒适的文化活动中心；为满足广大外来人口的文化需求，社区结合良好的稻田生态，开展了一系列文化和节日活动。

近年来，周屋收获了一系列荣誉称号。2013 年荣获"东莞名村""全国休闲农业景观创意金奖"等荣誉称号；2014 年获得"广东名村"荣誉称号；2015 年获得"东城街道优秀先进社区"荣誉称号；2018 年获得"广东省休闲农业与乡村旅游示范点"荣誉称号；2020 年获得"东莞市文明标兵社区"荣誉称号。

四　文化融合：从周氏宗祠到润园博物馆

　　如同其他村社的宗祠一样，周氏宗祠承载着周屋人的历史记忆和传统文化灵魂。据宗祠历史记载，周敦颐的儿子由道州宦游岭南，子孙迁凹头村（即周屋），始立村。

　　周屋人承先祖遗志"独爱莲"，村中几处荷塘，夏日别有韵味。距离周氏宗祠不远，是润园博物馆。

　　润园博物馆原为破旧不堪的服务站，占地面积约 420 平方米。设计师本着生命建筑理念与周屋环境的融合，采用多项建筑专利技术、传承与创新传统建造方法，着力在建筑物中实现节能生态，恢复土地功能，推动生命元素的循环利用等，着力从生态、经济和社会三个方面探索打造南方自然生态恢复型的生命建筑样本。

　　润园博物馆贯穿生态与循环理念。一是在建筑物的楼顶种植近 1 亩水稻，体现周屋保留着那 600 多亩高标准水稻田深层意义的延伸；二是建筑物外立墙面种植垂挂瓜果，首层植入室内地面设计飘着荷风香气的莲藕（花）池，入口处有往外流淌的瀑布水帘，面对正门户内有流着故乡水的檐口，使雨水、瓦橡水一齐滴落着乡愁，让人有回归故里的感觉；三是通过门窗、负压差风机的对流，将经过雨雾洗净的外风、自然风引入室内，从而实现了菜花香、稻花香、蔬果花香与流水潺潺之声的完美结合，在整个博物馆内形成生物、生命的温床，打造生态建筑全新境界；四是整栋博物馆内没有制冷设备，没有封闭的空间（空气），没有断流的水系，更没有空气净化设备，只有传统的风扇在轻轻转动，但是建筑物内始终保持冬暖夏凉，空气清新，清水畅流；五是整个建筑物的雨水、中水、污水和废水均百分之百由系统回收集中处理使用，从而实现雨水回灌土地（海绵效应）、污水零排放（处理再用）、污物不外放（用作种植基肥）。该建筑物最终实现水循环、空气循环、土地资源循环、能效循环。

此外，润园博物馆可承载粮食、林果、蔬菜、副食、渔猎等产品的生产能力，从而获得了以建筑为载体的农产品生产途径，解决了长期以来工业归工业、农业归农业的单一途径，为工业、农业结合发展提供参考样本，与此同时，最大限度实现节能减排。土地是人类赖以生存的根本。润园博物馆总占地面积不足500平方米，按照有关设计，却能将土地种植面积提高40%，有了近700平方米的土地。在这些土地上，设计划分了水田区、果蔬区、水生（渔业）养殖区、外立面植攀爬生长区等板块，同时还能完整保留博物馆的展览功能。这个设计理念不只考验建筑技术及防水处理技术，更重要的是在保留农田土地的基础上扩大了农业生产面积并增产。

园区发展篇

【导语】

园区是承载大项目、搭建大平台、发展大产业的重要依托，是产业转型升级和产城高质量发展的龙头引擎。与同为外向主导型经济的苏南地区比，珠三角地区在改革开放方面起步略早，但苏南地区早在20世纪90年代初就打造了高水平的工业园和高新科技园，形成了以园区和政府为主导的土地开发模式，为产城可持续发展打下坚实基础，经济发展后驱力优于珠三角地区的城市。

2000年以来，东莞为推动产城转型升级，高度重视发展园区经济，一方面以政府投资为主导打造松山湖高新区、滨海湾新区、水乡功能区等一批产城新区；另一方面大力支持市场投资主导建设一大批新型产业园区。目前，松山湖高新区已取得了显著成绩，吸引了包括华为等在内的一大批高端科技产业和科技创新资源；滨海湾新区正随着黄金内湾的开发建设加速发展；水乡功能区随着区位与后发优势逐渐显现加速开发。其中，滨海湾新区处于粤港澳大湾区核心位置，紧邻前海、南沙，是东莞最后可成片开发建设的"黄金宝地"，是建设广深科技创新走廊的重要节点和核心平台，区位价值极其显著。滨海湾新区定位于建设现代滨海新城，作为东莞面朝大海、融入粤港澳大湾区的门户，肩负"对外协同"和"对内引领"的战略使命。

东莞加强园镇统筹发展、彰显园区核心功能研究[*]

2008 年后，全球新一轮技术革命拉开序幕，产业知识化、服务化和低碳绿色化特征日趋明显。西方发达经济体普遍依托园区、开发区、港区等重大产业集聚区，大力发展以信息技术、生物技术为支撑的战略性新兴产业，以装备制造、化工为重点的重化工业，以现代金融、信息和物流服务为重点的现代服务业。从国内先进城市发展实践看，无论长三角、环渤海、珠三角、北部湾或者中西部的主要城市，都把园区作为加快经济转型升级的新空间、优化区域开发格局的新抓手，以及培育大项目、大产业、大企业的新平台。在未来发展中，东莞要继续保持竞争优势，增强发展后劲，比拼先进城市，就必须高度重视园区经济发展，把握园区发展的新机遇、新趋势，举全市之力发展园区经济；就必须强化园区的统筹发展和核心功能，把园区打造成为科技创新创业的孵化区、产业支援服务的集中区、重大项目和高端产业的集聚区；就必须突出园区的龙头带动作用，发挥园区对周边镇街的整合辐射效应，把园区打造成为东莞高水平崛起的重要依托和核心引擎。

---

* 本文原载《东莞咨政内参》2012 年第 3 期，由胡青善主笔，与王思煜、肖乃勇、刘川共同完成。

一 加强园区统筹发展、强化园区核心功能的重要意义

加强园区统筹发展，是应对日益激烈的园区竞争所迫，是发展大项目、大企业和大产业所依，是解决园区自身发展突出问题所需。只有加强园区统筹发展，才能进一步强化园区核心功能，打造具有较强竞争力和综合实力的现代化园区。

（一）从园区竞争格局和发展趋势看，必须"握紧拳头"，加强园区的统筹发展

当前，园区发展已成为我国地方经济发展和竞争的关键和核心，园区竞争呈白热化态势，各地方园区争政策、争资金、争科技资源、争外资和大项目（尤其是央企大项目）非常激烈。如长三角城市之间，苏南地区苏锡常三市的高新区已展开激烈竞争，同在杭州湾地区的杭州、绍兴和宁波的高新区竞争愈演愈烈。珠三角城市之间，深圳前海、广州南沙和珠海横琴都是国家级开发区，虽定位有所差异，但区域内竞争已悄然展开；同处珠江口的香港国际港、深圳盐田港、广州南沙港和东莞虎门港之间货源竞争近乎肉搏；珠三角二线城市之间，惠州仲恺高新区和大亚湾经济开发区、佛山高新区和金融创新园、东莞松山湖高新区及中山火炬高新区之间的竞争不断加剧。

为增强园区的综合竞争力，各地普遍加强了园区的统筹力度和集聚程度。与国内先进园区相比，目前东莞的四个园区总体上仍处于起步或成长阶段，在发展时机、发展力度、发展规模、管理水平、土地空间和政策优势等诸多方面都存在较大差距。其中，最重要的原因在于四大园区之间、园区与周边镇街之间的产业发展、核心功能及规划管理方面缺乏统筹协

调。为此，必须借鉴先进园区发展经验，整合四大园区及与周边镇街资源，加强园区之间、园区与镇街之间的规划、政策、产业和管理统筹，转"单打独斗"乃至"内斗内耗"为"握紧拳头""合作共赢"，切实打造核心功能突出、辐射带动能力明显、具有较强综合竞争力的现代化园区。

（二）从整合区域要素资源以承载大项目、搭建大平台、发展大产业看，必须强化园区核心功能，加强园区的统筹发展

当前，东莞处于各种传统优势普遍弱化、新的竞争优势尚未形成之时，存在观念落后、机制僵化、产业低端、土地告急、资源短缺、城市分散、人口超负、环境透支等长期积累的诸多问题。其中，最突出、最严重的问题是土地资源的滥用问题，也是产业和城市空间布局过于分散的问题。简言之，是各种产业和城市资源缺乏统筹规划、有序整合的问题。要打破产业和城市分散无序的粗放发展格局，就必须整合土地和空间资源，整合城市功能布局，推动产业集聚和城市集约发展。为此，也就必须以大园区承载大项目和大平台，以大项目和大平台支撑带动大产业；也就必须以园区整合周边镇街，实现区域资源整合，实现区域协调发展，推动城市功能优化布局。

事实上，东莞规划建设的四大园区，虽然起步较晚，但发展至今，也已初具规模，园区优化整合城市土地和空间资源功能突出，在承接大项目、大平台上也逐步发挥作用，在发挥龙头辐射带动作用方面成效初显。其中，松山湖高新区已具备较好的发展基础，开始发挥产业聚集作用，其生态环境、科技平台和高端产业对周边镇街乃至东莞市产业升级的辐射带动作用逐步显现；虎门港已建成一批码头泊位和临港工业，港口物流的加快发展，有力夯实了东莞市的产业基础支撑，对周边镇街如麻涌镇承载大项目方面的辐射带动作用也非常明显；生态产业园原为周边6镇的泄洪区、污水排放区、垃圾填埋区和高压路网集中区，2006年规划建设至今，基础设施和生态环境建设也已初步完成，目前已初步嬗变成一个"城水相融、

岛城相映、水绿相依"的生态园区，准备进入产业聚集化培植阶段，其生态环境的建设对优化整个东莞东部区域的作用极其显著；东莞长安新区（后改名"滨海湾新区"，为叙述方便，统一表述为滨海湾新区。）历经波折，目前已完成用海规划申报，具备开发建设的前提条件，即将启动基础设施建设，其发展规划也对周边镇街乃至全市的发展产生了潜移默化的影响，加上深圳前海加快开发建设，如果滨海湾新区能与深圳前海很好地合作，其发展前景非常光明。

东莞园区发展的实践充分表明，开发建设一批园区，既符合国家和广东省的重大战略，也取得了较好的成效。但不可否认，在资源要素配置整合上，园区与园区之间、园区内部、园区与周边镇街之间还存在政策管理、科技人才、土地资源、品牌效应、项目资金等资源分散使用、重复投入、效益不高等突出问题。为此，应以"资源共享、平台共建、产业互补、人才互通、品牌互享"为目标，大力推进园区之间、园区与镇街之间的土地资源整合、基础设施对接、品牌和服务资源共享，以大园区、大平台、大品牌来吸引承载大项目、大企业和大产业。

（三）从园区自身发展及与周边镇街的协调要求看，必须推动园镇合作，加强园区与镇街的统筹发展

虽然东莞市四大园区总体上对周边镇街的辐射带动作用日渐显现，园镇合作不断加强，园镇关系日益紧密，但与先进地区园区相比、与全市转型升级的迫切要求相比，还存在明显不足。首先，在对周边镇街的带动辐射上，由于园区核心功能和产业特色不突出、园区科技信息和产业支援服务平台发挥作用不明显、园区总体实力不够强，园区对全市乃至对周边镇街的辐射带动作用还亟待加强。其次，在园区和片区统筹管理上，四大园区分散管理、各自为政、园区之间和园区与周边镇街之间都缺乏统筹协调机制，园区管理和服务在理念意识、体制机制和服务水平等方面都明显滞后。最后，在与周边镇街产业协调布局上，存在着相互争土地、争项目、

争政策，产业同质竞争有余而错位发展不足等突出问题。以虎门港与周边大港之间的产业竞争及港镇协调为例。虎门港开发建设至今，港口码头综合实力初具规模，已有 15 个项目、12 个深水泊位投产，包括集装箱、油气化工、散杂货、煤炭和粮食等码头项目，码头泊位品种齐全。同时，虎门港现跻身大陆首批对台直航港口行列，东莞保税物流中心也已顺利封关运作。但作为后起港口，虎门港深受周边大港的竞争限制；同时，由于港镇分离，虎门港与周边镇街尤其沙田港区后方的沙田镇发展目标不一致，在发展规划、配套设施等诸多方面难以统筹协调，虎门港受周边镇街土地、空间、管理服务等多方面制约的问题日益突出，直接导致港口建设进程滞缓、港城发展难以协调、临港产业发展难以统筹布局。

针对园区与镇街之间存在争项目、争企业、争土地、争资金、争政策、争人才等资源争夺乃至"内斗内耗"等突出问题，亟须借鉴苏州张家港保税区、惠州仲恺高新区和珠海高栏港等园区的统筹管理经验，着力探索园镇联动、园镇合作乃至园镇合并等统筹协调机制，推动园镇之间共建园镇产业合作区，努力打破以行政区划为主导的块状经济，实现园镇合作共赢发展。

二 加强园区统筹发展、强化园区核心功能的总体思路和目标任务

按照"统筹规划、差异定位、资源整合和共建共享"发展原则，探索"区中园"管理机制，推动生态产业园、东部工业园与松山湖高新区合并管理，合力打造科技创新创业孵化区、产业支援服务集中区、高端产业集聚区和科技生态新城；探索"港城共建"和"港镇合一"管理机制，统筹规划虎门港及沿江水乡片区域镇街，着力打造港口物流中心、临港产业带和滨江新城；探索跨市园区合作机制，推动滨海湾新区与深圳前海合作，共同打造深莞合作共建示范区、现代服务业集聚区和滨海新城。

（一）加强松山湖高新区与生态产业园、东部工业园的统筹发展，合力打造科技创新创业孵化区、产业支援服务集中区、高端产业集聚区和科技生态新城

松山湖高新区与生态产业园、东部工业园亟须"握紧拳头"、整合发展。三园区地理邻近，生态产业园大道开通以后，从松山湖高新区到生态产业园不过 10 多分钟车程，经东部快线，松山湖高新区到东部工业园也不过 20 多分钟车程。松山湖高新区发展稍早，已成为国家级高新区，科技、产业和品牌优势相对突出，但可用土地资源有限；东部工业园发展稍晚，具有一定土地优势和后发优势，但一直缺乏统筹规划和管理；生态产业园后起发展，产业发展尚未真正起步，但与东部相对落后镇街相邻，其生态环境的改善带动周边镇街后发优势渐趋明显。目前，生态产业园生态环境明显改善，基础设施加快建设，但其产业定位至今尚未明晰，如果产业定位与松山湖高新区和东部工业园雷同，必然与松山湖高新区、东部工业园的发展构成直接竞争关系。因此，应加强松山湖高新区与生态产业园、东部工业园的统筹管理，一方面可以整合三者的资源要素，实现政策、品牌、资源和服务共享，可以优化松山湖高新区和生态产业园、东部工业园之间的功能定位和产业布局；另一方面有利于强化三者各自的核心功能，充分发挥核心功能对周边广大镇街的辐射带动作用。反之，三者必然为了各自的"山头利益"，出现争资源、争政策、争项目的竞争局面，竞争内耗的结果不是竞争合作而只会是"两败俱伤"。为此，应借鉴国内先进园区发展经验，着力实施"区中园"管理机制，将生态产业园和东部工业园作为松山湖高新区的"区中园"进行整体规划和统筹管理。原则上，生态产业园和东部工业园作为"区中园"，并入松山湖高新区后，生态产业园、东部工业园可在一定程度上保持独立运营，但在园区发展规划和招商方面的功能和布局上必须整合，确保三个层次的园区统筹协调发展。

1. 强化松山湖高新区的科技创新、产业支援服务和高端制造业的集聚功能，发挥对全市和周边镇街的辐射带动作用

松山湖高新区自 2001 年"圈地"，规划建设至 2012 年历时 11 年，已升格为国家级高新区，台湾高科技园列为广东省对台合作的重点载体，园区进入快速发展阶段，对周边乃至东莞市的产业和城市升级带动效应不断显现。但与东莞市转型升级日益迫切的功能要求比，2012 年前松山湖高新区在发展定位、产业布局及核心功能、产业服务及营商环境等方面发展效果仍不够理想。为此，松山湖高新区在发展定位和功能布局上，应强化突出科技创新产业功能，加快集聚科技研发、工业设计、科技金融、信息服务和企业总部等一系列产业服务资源，着力打造全市科技创新创业、产业支援服务和企业总部集聚区，同时依托台湾高科技园、IT 研发制造园等发展高端 IT 制造业，强化松山湖高新区对东莞市产业尤其是 IT 产业转型升级的辐射带动作用。

一是加快建设科技创新创业和企业总部集聚区。完善科技平台扶持政策，加大扶持力度，引导国内外知名大学和科研机构到松山湖高新区设立研究院，建立科技成果转化、企业孵化和人才培养基地，加快建设科技创新创业平台（包括孵化器、加速器等平台）集聚区。依托良好的科技创新平台和创新氛围，吸引企业将研发中心和企业总部（包括地区总部）向松山湖高新区集聚，着力打造企业总部集聚地。同时，尽快完善科创园（留创园）、华科产业孵化园及中小科技创业园的配套服务和优惠政策，吸引中小型科技企业总部和研发中心进驻，切实培育孵化一批科技型和成长型中小企业。

二是加快成立科创引导基金和科技金融服务中心。借鉴苏州、无锡、深圳等先进城市大力发展园区科技金融，推动科技、金融与产业融合发展的经验做法，加强与国家开放银行、深创投等投资机构合作，加快建立松山湖创投引导基金，积极引进国内外各类创投机构落户，扶持初创期科技企业和园区重点产业发展。配套成立园区科技金融服务中心，完善松山湖科技金融服务体系，为园区内外科技企业发展，提供投资融资专业咨询服务，着力解决园区中小微型科技企业融资难题。

三是着力打造东莞市产业支援服务中心。紧扣服务东莞制造业的职能，松山湖高新区要大力发展科技服务、科技金融、工业设计、云计算、互联网、人才培训、学术交流、文化创意等特色科技信息服务业，成为东莞科技服务业聚集的核心平台，为东莞产业转型升级、实现高水平崛起提供强大的服务支撑。努力推进松山湖高新区成为"新三板"试点园区。完善企业上市扶持政策，培育上市企业后备资源，大力推动园区企业进入国内外主板、中小企业板、创业板上市融资。

四是突出打造以 IT 产业为重点的高端产业基地。整合北部工业城空间资源，着力引进培育一批百亿元企业和千亿元产业，努力打造 IT 研发制造产业基地。抓住台湾等地区产业转移机遇，参照"区中园"管理模式，高标准开展台湾高科技园产业规划、城市设计、体制设计和政策设计，塑造高品质生活工作环境，引进台湾相关研发设计机构和科技企业，发展液晶面板、LED、新能源、新材料等产业。

2. 强化生态产业园的生态城市功能和文化创意、职教实训的产业支援服务功能，带动周边产业和城镇转型升级

如果生态产业园与松山湖高新区合并后，生态产业园作为松山湖高新区的"区中园"，即松山湖生态产业园，应与松山湖高新区错位发展，突出水循环和生态环境主题，在发展定位和功能布局上，以东莞职教城和广东文化产业职业学院为依托，着力发展生态产业（包括生物医药）、文化创意产业，打造文化产业和职业教育实训基地；以周边镇街的土地和空间资源为依托，集聚发展以生态环保产业、装备制造、模具为主的高端制造业。

一是打造生态城市示范区。2012 年前，生态产业园已从周边六镇的边缘区走向区域中心，治水工程惠及东莞寒溪河、运河整治，生态功能的强化关涉全城，区域生态支撑功能逐步显现。今后，生态产业园仍要将生态系统建设作为维持大系统可持续发展的基础性工作来抓，把生态营造作为立园之本，切忌重建设轻管理，重点要构建生态指标体系，构建生态风险监控、管理、预警、防范及固废资源回收利用等管理系统。着力延伸园区生态治理的价值链，依托生态环境，发展生态产业。重点要发展生态休闲文化旅游和生态环保产业，积极打造清洁指标、排污权、碳交易平台，努力发展检测认证、方案解决、技术研发、工程设计等环保业服务业。加强生态宣传和科普教育，成立环保组织，推广生态环保、循环经济和节能减排的知识与政策，提倡绿色生产、绿色消费，培育生态公民文化。

二是打造文化创意产业和职教实训基地。文化创意产业属于战略性新兴产业之一。广东省和东莞市共建的广东文化产业职业学院入驻生态产业园，为生态产业园发展文化创意产业创造了良好条件。为此，应充分利用学院的人才支撑和政策支持，着力打造文化创意产业基地。重点要针对文化创意产业企业的特征，依托广东文化产业职业学院，打造文化创意企业孵化园或孵化基地，注重孵化培育创意型小微企业。重点成立文化产业发展引导基金，吸引集聚文化创投机构，充分发挥金融资本对产业资本的支撑和孵化作用。同时，要成立文化产业研究和服务中心，集聚创意设计、法律财务、管理营销、信息服务等专业服务机构，为文化企业创业提供专业性行业贴身定制服务，加速产业新陈代谢，增强产业生命力。依托东莞职教城和东莞市高技能公共实训中心，着力借鉴常州职教城经验，加强官产学合作，加强内部资源整合和外部资源的嫁接，创新高技能人才评价机制，优化职业教学体系，推动职教民生化，切实创新技能人才培养模式，打造广东省一流职教实训基地。

三是打造以装备制造和模具加工为主的高端制造集聚区。生态产业园本为整合东部快速路沿线寮步、横沥、东坑、企石、石排、茶山六镇边缘区土地形成。除寮步外，其他五镇均为东莞欠发达镇街，在土地、空间资源和城市发展方面具备一定的后发优势。但要实现这种后发优势，必须转变过去"单打独斗"的局面。为此，必须依托松山湖高新区和生态产业园，进一步整合生态产业园和周边镇的土地资源，立足现有发展基础和发展特色，走园镇合作发展的路子，共建产业集聚区。其中，在生态产业园与东坑、寮步组团地区，应着力规划建设以装备制造工业为主的加工制造集聚区；在生态产业园与石排相邻的石排组团地区，应着力规划建设生态产业和现代服务业集聚区；在生态产业园与横沥相邻地区，着力规划建设模具产业集聚区。

3. 创建市镇共建共享机制，强化东部工业园的加工制造集聚功能

东部工业园是东莞市政府牵头建设的现代制造业生态型产业示范园区，位于东莞东部常平、企石、桥头、横沥4个镇区的交会处，园区中心位于南方铁路交通枢纽重镇——常平，具有非常明显的地理交通和土地资源优势。

针对东莞整块土地资源极其紧缺、难以承载重大项目的问题，东莞市委、市政府应着力统筹松山湖高新区与东部工业园的合作发展，将东部工业园也作为松山湖高新区的"区中园"，加强与常平、企石、横沥、桥头及相关镇街的合作。市镇合作应参照"市镇共建、风险共担和利益共享"的原则进行，园区的重大决策交由园区领导小组和咨询委员会共同讨论决定，具体管理事务交由松山湖高新区管委会代管，可考虑成立松山湖东部工业园统筹协调办（相关镇街派员参与统筹协调办的日常管理工作或兼任统筹协调办的副职），负责东部工业园的统筹协调工作，重点对东部工业园进行统一规划、统一招商和统筹服务，并进一步优化整合土地资源，完善基础设施，提高整个园区的管理和服务水平。

在功能定位上，东部工业园同样要与松山湖高新区、生态产业园错位发展，要立足于现有产业基础，着力承接重大加工制造项目，努力把东部工业园打造成以薄膜太阳能、LED、电动汽车和汽车零配件、模具等为主的先进制造业基地。

（二）统筹虎门港与水乡功能区发展，打造港口物流中心、临港产业带和滨江港口新城

2012年前，随着虎门港的开发建设、沿江高速和穗深港高铁的开通及穗莞深轨道交通的加快建设,虎门港及沿江片区正面临前所未有的发展机遇,正逐渐成为东莞新兴开发热点,成为承载大项目、发展大产业(临港产业)的新增长极。东莞市委、市政府应立足"三重"发展战略,推动虎门港加强对外合作与对内统筹。对外合作方面,要加强与新加坡、中国台湾等国家和地区港口的航线合作,加强与广东省南沙港之间的港口合作;对内统筹方面,推动虎门港与周边镇街加强区域统筹规划和产业统筹协调,着力打造港口物流中心、临港产业带和滨江港口新城。

1. 着力把虎门港打造成为港口物流中心

作为珠江湾新兴的重要港口和沿江片区发展的龙头,虎门港在功能定位上,应针对自身的优劣势,重新科学定位,在发展港口物流上应避开竞争,强化对外合作,走差异化发展路子。为此,要充分发挥港口资源优势和区域经济集聚优势,重点打造现代物流发展平台和专业物流市场,切实发挥港口平台的辐射带动作用。加强与周边港口的合作,加强与海运公司的合作,积极开辟国内和东南亚航线,推动集装箱、石化、煤炭、粮食、散杂货等港口功能的全面发展,全力提升港口物流综合服务能力。同时,充分发挥东莞保税物流中心的政策优势,大力发展保税仓储等现代物流业务,推动东莞加工贸易企业降低成本和转型升级。积极谋划布局专业物流市场体系,依托西大坦集装箱码头,着力建设钢材、皮革皮草、塑料、冷冻品、粮油、副食品、水果等一批专业物流市场,通过专业物流市场与前方码头形成"市""场"互动发展的良好格局。

2. 重点建设临港产业集聚区

推动虎门港与周边镇街共建产业集聚区,依托港口独特优势,立足现有产业基础,瞄准区域产业配套,重点发展港口物流、精细化工、船舶制造、粮油加工、机械制造及汽车零配件等产业。着力优化临港产业布局,重点打造西大坦专业物流产业集聚区、立沙岛精细化工产业集聚区和新沙南加工制造产业集聚区三大产业集聚区,形成产业特色明显、产业链条完善、产业高度集聚的发展格局。通过临港产业集聚区的建设,与前方码头资源优势紧密结合，形成园区大产业发展集群，打造水乡片区大产业发展平台。

3. 统筹水乡功能区区域规划和产业布局

水乡功能区开发建设起步较晚，土地资源相对丰裕，具备良好港口优势、交通优势和区位优势，是东莞承载大项目、发展适度重化工业的最优空间，是东莞未来持续发展的战略着力点和新兴增长极。为此，东莞市委、市政府应着眼战略发展高度，格外重视水乡功能区的开发建设。要着力按照主体功能区规划要求，对整个水乡功能区进行整体的区域规划；着力加强对土地资源开发的控制，有针对性地配置建设用地；着力强化产业的生态环保门槛，制定产业准入和淘汰政策；着力制定水乡功能区产业发展规划，优化产业空间布局，推动水乡功能区产业错位发展、差异化发展和特色化发展；着力推动水乡功能区镇区之间、镇港之间按照"资源整合、共同投入、利益共享、责任共担"原则，共建产业集聚区，共同建设重大产业项目。

（三）推动滨海湾新区与深圳前海合作，努力打造深莞合作共建示范区、现代服务业集聚区和滨海新城

深圳前海作为深圳与香港的合作平台，已上升为国家级开发区，成为深化改革开放的前沿阵地。依托国家的特殊政策、深圳和香港的经济实力、珠三角经济腹地的产业支撑，未来前海的发展无可估量，有望成为辐射珠三角乃至大珠三角地区的现代服务业龙头阵地。

滨海湾新区位于东莞与深圳交接的交椅湾地区，与前海相邻，具有优越的区位条件。广深沿江高速，广深高速，东莞轨道 R1、R2 线以及沿海高铁等经过滨海湾新区，交通条件便利，同时具备空港、海港、深水岸线、滨海景观等稀缺发展资源。深圳前海面积较小，滨海湾新区与其合作，作为前海的伙伴园区，可充分弥补其土地和空间不足。滨海湾新区如能够充分利用自身的区位优势，与前海加强合作，共建合作示范区甚至作为前海的伙伴园，在深圳前海政策优势效应下，未来完全有条件成为东莞

参与环珠江口地区竞合发展的战略平台，成为珠江东岸未来的城市服务功能核心之一，成为东莞调整空间结构、参与高端服务业竞争的重要引擎；否则，如果一味"单打独斗"，走虎门港的发展老路，在前海、南沙和珠海横琴的挤压下，滨海湾新区不可能有太大生存发展空间。

1. 着力打造深莞合作共建示范区

滨海湾新区与深圳沿江新城、前海合作区同属伶仃洋湾区，均定位于现代服务业等高端产业，加强两地现代服务业合作，共建合作示范区，有利于深莞两市实现互利双赢和协调发展。为此，一要加强规划衔接。在路网、轨道交通、岸线整合等诸多方面与深圳沿江新城、前海相关规划做好协调工作，为现代服务业合作发展构筑良好的基础设施。二要加强主导产业对接。对接深圳前海合作区、沿江新城的主导产业，滨海湾新区重点要合作发展具备持续创新能力的、跨行业并具有产业融合潜力的金融服务业、信息服务业、现代物流业、科技及专业服务业，集中优势资源，发展区域性总部经济，促进现代服务业集聚发展。三要加强组织机构对接。建立完善多层次合作协调机制，大力推进落实有关合作框架协议。落实两地主要领导联席会议制度确定的工作任务，完善两地政府工作协调机制，推动成立两地合作发展领导小组，统筹协调深圳前海与滨海湾新区的规划建设和产业合作。四要加强制度创新方面对接。共同促进贸易投资便利化，实现人流、物流、资金流和信息流便捷互通，优化和提升区域营商环境。五要加强生态修复和环境保护方面对接。建立区域污染联防联治机制，完善大气污染、水污染等防治和水质管理的合作，推进跨界自然保护区、生态廊道建设，共同打造环珠江口宜居湾区。

2. 打造全市现代服务业集聚区

发挥毗邻深圳和香港区位优势，依托前海的政策优势和东莞制造业基础，发展工业设计、技术研发、服务外包、现代物流、中介服务，以及软件开发、网游动漫等产业，提升东莞现代服务业发展水平，成为人才、技术、资金和智力活跃核心区，建设现代服务业集聚区。通过在滨海湾新区设立国际商务博览会会场、国际贸易交易大厦、商贸展览会议中心、国际贸易交易网站等形式，使国内外贸易商通过滨海湾新区与东莞市内外制造业和代工企业实现无缝连接，努力打造永不落幕的"国际商品贸易博览会"，建设国际会展和国际贸易集聚区。

3. 打造滨海新城

发挥滨海湾新区地处穗莞深都市走廊核心区优势，打造高水准国际化滨海新城，成为珠三角世界级都会区战略节点、珠江入海口的明珠，助推城市发展。建设高端商务区、物流会展区、休闲旅游区等功能区，形成重要的区域服务中心和旅游度假中心。建设快捷交通体系，重点发展以快速公交系统和轨道交通为主体的高等级城际快速走廊，支撑滨海湾新区人流、物流便捷流动。利用河、海、岛、滩、红树林等生态资源的空间组合，建设海洋魅力突出、环境景观优美、充满发展活力、现代化气息浓厚的生态型新区，成为东莞城市新形象的展示窗口。

三 加强园区统筹发展、强化园区核心功能的政策建议

（一）科学编制园区统筹发展规划

根据《珠江三角洲地区改革发展规划纲要（2008—2020 年）》、五个一体化规划及广东省相关发展规划，按照"统筹规划、差异定位、资源整合和共建共享"发展原则，科学编制东莞市园区及与相关镇街的统筹发展规划，明确各园区发展方向、发展重点、功能定位和产业布局。规划应借鉴韩国仁川、我国苏锡常先进园区的规划建设和管理理念，从东莞全市发展一盘棋的高度和高水平崛起的根本大计出发，注重园区规划、开发建设和管理的统筹，注重园区产业、科技与生态的和谐，注重企业、高校及研

发机构的协同效应，注重 IT、BT、NT 等技术的融合，注重工作、文化与生活复合空间的营造，引领园区科学发展。同时，针对东莞市四大园区产业定位和核心功能不清晰，园区产业、园区与镇街产业同构有余而错位发展不足、内部竞争过度而协作不足、模仿有余而创新不足等主要问题，应以建设现代产业集聚区和全市产业升级龙头示范区为根本目标，对园区的核心功能和主导产业进行差异化定位，突出主导产业的集聚效应，强化核心功能的辐射带动作用。

（二）建立园区及片区统筹协调管理工作机制

在松山湖高新区、生态产业园和东部工业园整合的基础上，分别成立松山湖高新区、虎门港和滨海湾新区三大园区统筹协调领导小组、园区发展咨询委员会和统筹协调办。领导小组组长、副组长可考虑由一名分管片区的常委和相关副市长分别兼任，代表东莞市委、市政府专门负责园区及周边镇街的统筹协调工作，同时领导小组组长、副组长分别兼任园区的工委书记和管委会主任，园区管委会的常务副主任及周边相关镇街主要领导为领导小组成员。领导小组按照民主决策程序并参照园区发展咨询委员会意见对园区和涉及周边片区的重大事项进行讨论决定，特别重大事项报东莞市委、市政府联席会议讨论决定。园区发展咨询委员会可参照东莞市城市规划委员会的做法，由相关专家、企业家和公众代表组成，为园区重大决策提供咨询参考。领导小组下设园区统筹协调办，负责园区之间及与周边相关镇街的协调和合作日常事宜，统筹协调办主任可由园区管委会常务副主任兼任，相关镇街镇长或主任可兼任统筹办的副主任。

（三）试点探索扩大园区管理权限

可参照苏州高新区、珠海高栏港、惠州仲恺高新区扩大园区管理范围和管理权限的有关做法，东莞市制定出台相关政策，可探索在松山湖高新区试点行使市一级经济管理权限和县（区）一级行政管理权限（代管周边镇），即在松山湖高新区合并生态产业园的基础上，由松山湖高新区行使县一级的行政管理权限，代管生态产业园周边的横沥、东坑、企石、石排、茶山等镇，进一步扩大松山湖高新区的管理范围及管理权限。

（四）科学制定园区"三重"建设配套政策和细化措施

根据东莞市"三重"工作会议精神及重大项目招商引资相关政策要求，制定完善园区招引培育大项目配套政策，加强对园区重大项目招商引资工作的领导和统筹，完善园区重大招商引资项目考核机制，细化园区招商引资产业目录，构建园区专业化的重大项目招商队伍。发挥东莞市科技基金等专项资金作用，优化管理运作办法，扶持园区大项目发展。园区土地资源和新增工业用地指标向大项目倾斜。加大金融机构对大项目建设的贷款支持力度。制定促进园区中介服务机构发展的政策，提高专业化服务水平。

（五）优化提升园区营商环境

借鉴国内外先进园区管理服务成功经验，按照"小政府、大服务"和"市场化、社会化、规模化、专业化"的原则，以企业服务为核心，健全园区管理体制，完善园区管理服务制度，规范园区行政管理和服务，形成精干高效管理服务体系，提升园区管理服务水平。重点强化公共行政服务体系，按照"一站式"服务理念，建立公共行政服务中心，引进工商、税务、金融、邮政、电信等服务部门，方便企业办事。强化后勤保障服务，引进住宿、餐饮、购物、娱乐等生活服务企业，为企业和员工提供完善的生活服务。强化企业融资服务，引进银行、投资、担保等投资服务机构，解决企业融资困难。

加快虎门港及临港区域产城
一体化发展研究*

工业革命以来，国际贸易带动世界航运加快发展，港口尤其是河口港由此成为城市发展的战略核心资源。相比陆路与航空交通，航运交通速度虽慢但具有大运量和成本低廉的独特优势，能够满足具有"大进大出"特点的重化工业和一般加工制造业的物流需求。沿海港口城市依托航运，并通过水陆联运，兼备市场与资源优势，在全球产业链分工中成为资源交换配置与产业发展的重要载体和带动区域发展的关键节点。如国际城市伦敦、纽约、阿姆斯特丹、东京、新加坡、釜山、香港的发展都离不开港口和航运的带动和支撑。我国东部沿海的珠三角、长三角和渤海湾区域城市群的迅速崛起更是离不开港口和航运的强力支撑。

当前，虎门港及临港区域交通条件迅速改善，在周边南沙新区、广州开发区和深圳前海等高端平台强势带动下，该区域区位和后发优势不断凸显，区域空间资源正迅速升值，有望进入加速发展阶段。为此，顺应港口、港产和港城发展态势，借鉴先进港口、港区和港城发展经验，对虎门港及临港区域空间资源价值进行重新评估，对珠江口东岸临港区域进行统

---

* 本文原载《东莞咨政内参》2013 年第 2 期，由胡青善主笔，与王思煜、李福坤、何景师共同完成。

筹谋划，并借力周边高端平台资源，按照"产业集聚化、区域组团化和港产城一体化"的基本思路，通过加快推进沿海交通基础设施建设、统筹规划建设珠江口东岸临港现代产业集聚区等措施，优化整合高效利用区域资源，推动港口、港产和港城一体化发展，打造东莞新兴增长极，推动东莞高水平崛起。

一　港口、港产与港城主要发展态势

世界港口经历了从水陆联运枢纽的第一代港，发展成为运输枢纽和工业活动基地的第二代港，再逐步发展成为全球贸易货物集散中心、综合物流服务基地和临港产业基地的第三代港，港口经济已成为区域经济发展的重要载体和拉动城市经济的重要力量。

当前，随着世界经济重心东移，亚太区域逐渐成为世界经济发展最活跃、海洋运输最繁忙、世界经济核心城市分布最密集的地区。中国已经形成了以环渤海、长三角、珠三角三大港口群为主的三大国际航运中心，即以天津、大连、青岛等港口为支撑的北方航运中心，以江浙为两翼、上海为中心的上海国际航运中心，以深圳、广州、香港等港口为支撑的香港国际航运中心。这些港口城市在中国融入全球发展的进程中，已经成为沿海城市贸易发展、制造业繁荣的重要支撑点，港口城市综合实力不断提升，对经济腹地的影响力不断增强。

（一）世界港口加快向专业化、规模化和现代化发展，港口综合物流中心功能日渐突出

为满足船舶大型化、运输专业化等发展需求，港口设施建设呈现进一步深水化、大型化和专业化的发展趋势。马士基 3E 级超大型集装箱船和淡水河谷 40 万吨级矿砂船的建成并投入运营，将逐步改变现有集装箱和大

宗散货的物流运输格局，现有10万~30万吨级的码头泊位将成为主要港口的必备条件，并逐步向更大吨级泊位方向发展。进而对公路、铁路、内河航运等集疏运系统的建设，以及信息化、智能化、高效化管理和服务的提升提出了更高要求。同时，进入全球综合物流时代后，国际运输业正在向综合物流服务的提供者转化，现代港口功能将更为广泛，开始跳出以处理客货物流为主要功能的纯粹运输中心（运输+转运+储存）的功能框架，逐步发展成为配送中心（运输+转运+储存+装拆箱+仓储管理+加工），以及促进经济发展和服务于国际贸易的综合物流中心（运输+转运+储存+装拆箱+仓储管理+加工+信息处理）。物流和信息功能的显著加强，使港口日渐成为商品流、资金流、技术流、信息流和人才流汇聚的中心，港口的核心竞争力也逐渐从码头操作转向整个物流链的综合服务能力。总体上，国际大型港口已逐渐由传统的货物运输中心、商业和工业服务中心向以现代物流中心为载体的资源配置型和综合服务型港口转变。

（二）国内港口群竞争与合作关系并存，区域一体化发展渐成趋势，港口与经济腹地之间关系日趋紧密

因区位、自然环境、城市依托等条件的不同，一定区域内的各个港口根据自身优势形成各具特色的港口功能，满足本地经济社会发展所需货物运输需求、维护本地区的经济利益仍是港口发展的主题。但为了实现资源的充分利用，避免运量过度集中带来的规模不经济，以区域行政管理、产权纽带、联盟经营等多种渠道和纽带结成的"组合港"模式取得了不断发展。各个功能、层次的港口相互竞争与合作，形成综合运输体系中的枢纽与节点，促进国际航运市场和全球贸易的合理竞争与有序发展。当今世界著名大港，多由相邻港口构建成大型组合港。如日本的东京湾港口群主要由千叶、横滨、川崎等港口组成，英国南海岸的"港口联盟"由南安普顿、普利茅斯、朴次茅斯、哥斯顿等大小港口组成，美国的纽约港和新泽西港组合成"双星合并式"组合港等。我国环渤海、长三角、珠三角等主

要港口群也大抵如此。港口的发展规模及性质受到相邻港口发展的牵制，毗邻港口之间相互影响、相互制约、此消彼长，既相互竞争又相互合作。

国内港口群和港口城市之间，竞争与合作态势双向深入发展。一方面，随着区域内城市竞争加剧，港口、港城及临港产业竞争激烈。在港口综合服务竞争上，长三角的龙头上海与珠三角的龙头香港为打造国际航运服务中心展开激烈竞争，珠江口东西两岸的盐田港与南沙港已深入内陆腹地争夺外贸客户，虎门港与广州新沙港在国内贸易方面也构成竞争关系。广东沿海区域，位于珠江口两岸的深圳前海、广州南沙、珠海横琴与高栏港四个国家级园区的竞争也将更加激烈，珠海、中山、东莞、惠州、揭阳、江门、茂名和湛江等城市为发展临港产业也都在争夺大项目。另一方面，国家和区域城市间为整合港口功能，优化资源配置，避免无序恶性竞争，正在努力推动港口群之间加强合作。如珠三角港口群，香港国际港与盐田国际之间进行了资源整合，香港现代货柜码头与深赤湾之间进行了合作，广州南沙港为与盐田港竞争加强了与虎门港的合作；长三角港口群及长江内河港口之间，上海港与宁波港经过一番竞争后走向合作互补，上海港目前正加强与内河港的合作，成为武汉港的主要股东从而构成紧密合作关系；广西防城港、钦州港、北海港在自治区政府的推动下最终整合成为广西北部湾港；东北地区各港口之间也加强了整合，形成了以大连为核心、营口及周边港口城市为辅助的良性发展格局。

同时，无论是地方性、地域性的港口，还是全国性和区域性港口都在想方设法加大对港口资源和腹地资源的整合。如天津港在西安、郑州、乌鲁木齐、太原、石家庄等地设立办事处，开通过境集装箱专列，积极拓展有关港口、海运业务，加快物流网络建设。大连港积极拓展沈阳、长春集装箱专列，通过对铁路、公路、水路、管道、航空五种运输方式的集结，拉近了大连港与东北腹地的距离，也进一步整合利用了东北地区的腹地资源。深圳盐田港通过修建盐平（盐田—常平）铁路，以水铁联运与湖南、江西、云南、贵州、四川等省份建立了密切关系。

（三）国内临港重化工业历经 10 年快速发展，产能普遍过剩，临港产业正加快向新兴化、高级化和低碳化方向转型

综观国外先进城市临港产业发展，依托沿海港口资源优势及面向国际国内两大市场的区位优势，集中发展以大型重化工业为代表的临港工业，将港口纳入工业生产和物流环节，实现港口与产业联动发展，加速区域工业化和城市化的进程，是发达国家和地区发展重化工业的成功之路。如荷兰鹿特丹、比利时安特卫普、日本"三湾一海"（东京湾、伊势湾、大阪湾和濑户内海）以及新加坡。在我国，随着汽车、石化、船舶、装备工业等重化工业的发展，从北到南形成了大连长兴岛、天津南港、青岛董家口、宁波北仑港、珠海高栏港、湛江东海岛、钦州铁山港等一批区港联动推动工业化进程的突出代表。

2000～2010 年是国内重工业化发展的黄金时期。工业化带动城市化，并推动基础设施建设与房地产业加快发展，从而拉动包括石油化工、采矿、钢铁、水泥、能源、机械、汽车、造船等一系列原材料、能源和重型装备制造等重化工业快速发展，尤其 2008 年国家为保增长，实施 4 万亿元经济刺激政策，带动地方投资建设明显加快，从而推动一批重化工业项目迅速上马。在这轮重化工业产能快速扩张过程中，临港区域因为邻近消费市场，同时依托航运优势，可以同时利用海外和内陆的原材料和能源，从而成为重化工业项目空间布局首选区位，其中广东沿海地区因为之前区位、市场及重化工业相对滞后尤其成为重化工业项目布局的重点区域，沿海港口城市临港重大项目发展势头尤为迅猛，如广州南沙港的汽车、船舶、核电装备等重大制造项目，珠海高栏港的海洋工程装备制造项目，惠州大亚湾的石化项目，江门的轨道交通装备和大型机械重工业建设项目，湛江的钢铁项目，等等。当前，随着国内经济发展速度放缓，尤其是基础设施和大规模城镇化建设渐趋完成，拉动国民经济的"三驾马车"中的投资和出口作用下降，大宗消费品如汽车等经过 10 年爆发式增长后渐趋饱

和，以及国家投资扩张政策的逐渐收缩，普通钢铁、汽车、机械、石化、造船等重化工业产能面临严重过剩，受环保政策限制，将有相当一批低端重化工业产能惨遭淘汰。

相比之下，一些后发的临港产业集聚区在产业选择上，注重发展新兴产业，有效摆脱了传统临港产业的产能过剩困境。如天津滨海新区在后期发展上重点选择发展装备制造、电子信息、海上工程、绿色动力、生态化工等新兴产业；珠海高栏港在临港主导产业的选择上，充分利用国家开发南海资源机遇，着力发展海洋工程等高端装备制造；江门抓住轨道交通发展机遇和自身优势，引进南车发展轨道交通装备制造也取得了成功；广州南沙新区迫于环境压力，放弃了石化项目，申报成为国家级新区，在汽车以及核电装备、轨道交通装备等高端装备制造方面也取得了重大突破，并着力发展高端商务、文化传媒、科技智慧、健康休闲等现代服务业。

（四）国内港城融合、港产一体化已成为港口经济主导模式

港城、港产关系，从来都是"城以港兴、港为产用"，港口、港产和港城之间构成互补共生关系。具体来说，港口是城市与产业发展的基础和动力，城市与产业则是港口发展的支撑和载体；港口特色经济改变了城市产业结构，促进了港口城市的繁荣；港口城市配套设施和服务业的完善，又为各种产业的发展提供了良好的环境条件和可容纳的空间，港城互动共生，互为支撑。

从港城发展态势看，港口城市已逐步进入了港城集聚互动阶段，港口与城市在空间形态上相互连接融合，开始走向一体化，外围经济交流不断增加，临港工业发展不断吸引前向后向产业向港口城市集聚，形成新的增长极。从港产发展态势看，临港产业在经历了简单制造加工业阶段和重化工业主导阶段后，进入先进制造业和现代服务业为主导的发展阶段。在这个阶段，产业多元化、集聚化和融合一体化成为主要趋势。

当前，国内先进港口城市都在加快推进"港产城一体化"建设，天津滨海新区、宁波开发区、广州南沙新区、广州开发区和珠海高栏港开发区

等的开发建设，都较好体现了"港产城一体化"发展路径。其中，宁波随着北仑深水港的开发建设，逐渐由河口港向海港城市演进，并形成三江、镇海、北仑三片滨海临江区域空间格局；广州对广州开发区和南沙新区的开发建设，体现了"港城融合和港产一体化"的发展思路，其中广州开发区已从早期的保税区逐步发展成为融合港口、保税、高新技术产业的新区，当前南沙新区的规划建设也参照广州开发区的经验，实施"港产城一体化"。

二　虎门港及临港区域空间资源价值重估与加强临港区域谋划统筹的重要意义

（一）虎门港及临港区域空间资源价值重估

虎门港位于珠江出海口东岸和出海航道要冲，拥有可成规模开发的深水岸线和陆域资源，具有得天独厚的地理区位优势，具备发展临港工业、仓储物流和专业市场的空间资源条件。但由于东莞位于穗深港之间，长期依赖香港的国际港、深圳盐田港和广州黄埔港发展"大进大出"的外向型加工贸易，自身港口规划建设起步晚，依托港口的临港产业和港城建设也发展滞后。虎门港自 2003 年开始规划建设至 2013 年已历经 10 年，虽然在码头基础设施建设等方面取得了很大成就，但仍受制于周边强势大港和自身过于分散的行政架构等诸多因素，港口经济和港城建设发展总体缓慢。相比于周边后起之秀的珠海高栏港、惠州大亚湾等临港产业集聚区的发展，东莞临港产业发展至 2013 年没有重大突破，未能引进高端装备制造项目，未能聚集一批龙头大项目和特色主导产业，总体仍停留在比较传统的造纸、粮油食品加工、造船、化工等领域。随着周边前海新区、南沙新区等高端平台和东莞水乡功能区的加快发展，以及港口码头和路桥交通等基础设施建设的不断完善，虎门港及临港区域区位中心和后发优势逐渐凸显，区域空间承载力、驱动力、辐射力、整合力和支撑力等空间资源价值快速提升，应抓住发展重大机遇，充分利用区位和后发优势，统筹谋划临港区域的发展。

第一，随着虎门港港口码头基础设施不断完善和保税物流加快发展，虎门港内贸和中转港业务快速增长，港口综合物流功能不断提升，有望增强区域空间驱动力、整合力和辐射力。2008年以来，外贸出口增速下滑，东莞推动加工贸易企业转内销，虎门港集装箱码头主营内贸航线，成本优势逐渐显现，随着国内需求持续扩大，集装箱业务量呈加快发展态势，2012年西大坦集装箱已突破100万标准箱（TEU）；同时，虎门港处于珠江口东岸腹心位置，直接辐射珠江水系各大支流，随着周边港业务逐渐饱和以及珠三角产业加快向粤东西北地区转移，虎门港散杂货的中转港功能地位不断提升，港口散杂货吞吐量呈迅速增长态势。2012年全年港口总货物吞吐量达5120.4万吨，同比增长72.8%；其中散杂货占港口总货物吞吐量的50%以上，达2687.7万吨，同比增长32.7%；立沙岛液体化工品吞吐量约622.3万吨，同比增长38.3%。同时，东莞保税物流中心（B型）于2010年5月投入运营以来，业务量呈爆发式增长，2011年进出口货物总值超过15亿美元，实现业务量累计达3.3万票，平均每天进出物流中心的车辆超过100辆；2012年完成进出口业务7.6万票，货物总值达到37亿美元。未来，随着虎门港麻涌港区新沙南作业区4、5号泊位开港运营，以及沙田港区西大坦作业区1~4号泊位和9、10号码头泊位等项目的建设，尤其是综合保税区的申报成功，虎门港港口物流功能将快速提升，并带动区域空间的驱动力、整合力和辐射力迅速提升。[①]

第二，随着区域交通网络的加快建设，虎门港及临港区域区位优势和后发优势日益凸显，有望推动区域土地空间、港口岸线、水环境等资源价值快速提升。2013年，穗深港高铁和沿海高速东莞段已建成通车；穗港

---

① 本段中的数据来自虎门港管委会所提供的相关材料。

深、穗莞惠城际轨道于 2015 年建成通车；虎门二桥、番莞高速、沿海公路、疏港大道延长线和轨道交通 R1 线已纳入重大项目进行规划建设，未来虎门港及临港区域交通优势十分明显，以港区为中心的 100 公里覆盖圈、1 小时生活圈内，聚集了东莞、广州、深圳、香港、惠州、中山、佛山等大珠三角核心城市群，使虎门港直接对接和服务庞大的终端市场，有效扩大了港区的经济腹地。同时，在珠江口东岸土地资源日趋饱和的情况下，虎门港及临港区域因为发展滞后而保留的成片土地资源，在交通网络建设的带动下，其开发价值将快速提升，并将带动该区域产业与城市发展迎来快速发展机遇。

第三，随着周边前海新区、南沙新区的加快发展，水乡功能区同步规划建设，所产生的溢出、链条和辐射效应，有望带动虎门港及临港区域成为新兴临港产业集聚发展区。沿海高速全线通车后，虎门港及临港区域与广州开发区、深圳前海开发区将加快融为一体，其中深圳西部的加工制造业受制于土地资源空间，将加快向虎门港及临港区域转移，前海新区的高端服务业也将为东莞临港区域发展产生强力辐射和有效支撑；广州开发区的土地资源也渐趋饱和，一批配套企业为降低成本将寻求落户水乡功能区。另外，虎门二桥、番莞高速建成后，虎门港及临港区域与南沙新区和东莞市中心区的距离大大缩短，珠江口两岸竞争与合作关系将会凸显，总体上因为产业定位不同，南沙新区的开发建设将有望带动虎门港及临港区域尤其是沙田的服务业和城市加快发展。但同时也要清醒地认识到：东莞实施滨海战略，加快虎门港及临港区域发展，无论港口、港产还是港城各领域，会与周边区域构成竞争关系，如滨海湾新区要发展高端服务业肯定会受到深圳前海新区的制约；虎门港及临港区域发展临港工业，与广州的黄埔港、新沙港构成竞争关系，发展高端制造业也将与南沙新区、广州开发区构成竞争关系。此外，珠海高栏港、惠州大亚湾和中山火炬高新区，都把临港工业作为发展重点，与虎门港临港产业的发展同样具有竞争关系。因此，虎门港及临港区域的产业发展应注意与周边区域在形成功能互补、错位发展的总体格局下进行适度竞争。

（二）加强虎门港及临港区域统筹谋划的重要意义

当前，东莞临港区域空间资源价值正快速升值，临港产业和港城建设进入快速发展期，如何科学选择临港主导产业和统筹规划建设临港产业集聚区，推动港口、港产和港城有序联动发展，是摆在我们面前的重要课题，也是东莞谋划高水平发展的重大任务。

第一，从临港产业集聚区的发展看，加强区域谋划统筹，有利于避免各镇街无序竞争、重走分散式发展老路。在政府与市场之间，市场行为更有效率，但往往不顾长期和整体利益，需要政府加以引导；基层政府与上级政府之间，基层政府往往注重局部利益，需要上级政府统筹协调。东莞过去的发展实践在总体上表现为：重市场而轻规划，镇村强势而市级统筹能力较弱。这种格局的形成有其特定的历史原因，所导致的后果则是：市场和基层政府的短期行为导致生态环境被破坏、空间资源被滥用、产业与城镇建设布局散乱。近年来，东莞市委、市政府集中力量，整合资源，统筹开发建设水乡功能区，强化了政府的规划引导、资源统筹利用、产业一体化布局和镇域间的合作发展。东莞临港产业集聚区的建设，因涉及港口与城镇、不同城镇之间复杂的利益关系，应进一步加强统筹谋划、整体规划，引导区域产业空间布局和港城建设。

第二，从临港产业和重大项目的发展看，加强区域统筹谋划，有利于提高产业发展水平、避免投资重大失误。国内产业发展的诸多经验教训充分表明，违背市场、产业和城市发展规律，不顺应产业内在发展趋势尤其是重大项目生成发展内在要求，盲目上马的重大投资项目往往难以取得成功，甚至可能产生难以估计的负面影响。东莞前些年引进的福地彩管项目，因为缺乏持续研发能力，后来在液晶技术转型中以失败告终。与之相反，珠海高栏港开发区坚持高起点、高标准，科学规划园区发展，抓住了南海油气开发这个重大机遇，谋划上马了一批海洋工程装备制造业重大项目，带动园区进入快速发展阶段。因此，虎门港及临港区域在发展重大项目上，一定要吸取经验教训，加强研判、谋划和统筹，科学论证重大项目的可行性，关键是要深入分析重大项目的产业前景和内在生成条件，要结合产业发展趋势、国家产业引导政策和区域自身实际条件，重点发展产业前景好、盈利能力强、技术含量和产业关联度高、生态环境友好型的先进制造业和现代服务业项目，绝不能盲目引进投资额度大的低端转移、产业过剩和污染性项目。

第三，从创新管理机制看，加强区域统筹谋划，有利于整合资源、实现区域可持续发展。港城融合、港产一体化已成为国内临港区域发展的主导模式。虎门港及临港区域的发展，应充分发挥后发优势，走跨越式发展之路，高起点、高标准进行统筹规划和开发建设，尤其应根据虎门港后方不同区域的空间资源优势和产业基础，有针对性地按照港产一体化和港城融合模式进行规划建设。其中，虎门港的沙田港区未来将拥有良好的交通环境、滨海区位及土地资源优势，港镇合一必将推动港城联动发展；虎门港麻涌港区及后方区域依托散杂货码头优势和较强的工业基础，规划建设高端装备制造产业集聚区，大力发展较高端的临港工业，推动港产一体化发展无疑是重点；滨海湾新区拥有良好的深水港和得天独厚的区位交通优势，应充分利用邻近深圳前海、宝安空港区开发建设机遇，着力发展现代服务业，打造前海延伸拓展区和深莞合作共建示范区。

三　虎门港及临港区域产业发展思路、重点领域及空间布局

充分考虑产业发展趋势、区域空间资源优势和现有产业基础等方面条件，按照"区域组团化、产业集聚化和港产城一体化"基本思路，虎门港及临港区域应鼓励发展具有临港特色的高端装备制造业和现代服务业，并

规划引导同类或相关联产业项目集聚发展，打造临港产业集聚区。具体来说，可按照"一核两区、北拓南进、东联西引、联动发展"总体格局进行统筹规划布局。

"一核"，即借助虎门港与沙田镇合并管理契机，统筹规划建设虎门港西大坦与沙田区域，着力提升港口物流、临港商务和商业功能，建设能够推动港产城融合发展的综合服务区，打造港口新城。"两区"，即依托广州新沙港和虎门港新沙南散杂货码头建设北部临港工业集聚区；依托邻近前海和宝安机场等区位优势，建设南部滨海现代服务业集聚区。通过"一核两区"的建设，东莞沿海区域有望形成"北拓南进、东联西引、联动发展"整体格局。其中，"北拓"，即对接广州尤其是邻近的广州开发区，主动接受广州先进制造业的辐射，并依托广州新沙港和虎门港新沙南散杂货码头（后方属于麻涌、洪梅镇的土地资源），借助水乡功能区的建设，规划建设以高端装备制造和粮油食品加工等为重点的产业集聚区；"南进"，即主动对接深圳高新技术产业和现代服务业，充分利用滨海湾新区邻近深圳前海、深圳宝安机场和自身深水码头等一系列优势，通过规划建设滨海湾新区，打造高新技术产业和现代服务业集聚区。"东联"主要通过番莞高速、虎门二桥等交通基础设施的建设，密切虎门港沙田区域与松山湖高新区、东莞市区及市域经济腹地的联系；"西引"则是要通过虎门二桥的建设，强化与南沙新区的密切关系，把虎门港沙田中心区打造成为东莞的港口新城和临港服务业集聚区。"联动发展"，就是要规划建设多个具有联动关系的特色产业集聚区。

（一）抓住新一轮产业升级机遇，主动对接穗深先进制造业，重点依托虎门港麻涌港区及相关区域，着力打造以智能制造装备、节能环保装备和海洋工程装备为重点的高端装备制造业集聚区

，目前，国内重化工业发展黄金期已基本结束，以基础原材料、大型机

械、普通汽车和传统能源等为重点的重化工业产能明显过剩，但随着产业高技术化、产业升级和节能环保对高端制造装备的需求以及国内人工成本的上涨，当前及今后相当长一段时期以智能化为主要特征的先进装备制造将有巨大的发展空间。近年来广州、深圳、珠海、江门等周边城市上马了一批重大装备制造项目，并带动园区加快发展。东莞作为加工制造业城市，有着良好的产业配套能力，在装备制造方面也已聚集一批相关企业。虎门港麻涌港区及相关临港区域，应抓住机遇，集中力量引进培育以智能制造装备、节能环保装备和海洋工程装备为重点的先进装备制造项目，并积极发展与周边先进制造业相配套的基础与关键零部件生产项目。

智能制造装备及关键设备。新一轮技术和产业革命，智能制造无疑将发挥重大引领作用。智能制造装备是《国务院关于加快培育和发展战略性新兴产业的决定》和《中华人民共和国国民经济和社会发展第十二个五年规划纲要》中明确提出的高端装备制造业领域中的重点发展方向。当前，3D 打印、智能控制、智能物流、智能医疗、智能电网等智能化设备和产品正迅速兴起，智能化已成为经济社会发展的重要趋势，智能制造装备已成为推动产业转型升级的关键支撑。目前全国在智能制造装备方面具有一定优势的是沈阳高新区，江苏常州高新区也具备了一定基础。东莞华中科技大学制造工程研究院（简称工研院）、电子科技大学广东电子信息工程研究院（简称电研院）在数控领域也有一定实力，同时东莞具有雄厚的电子信息产业基础，有一批从事智能制造的中小科技企业崭露头角，未来如果能引进该领域的先进创新团队或企业，或许可实现突破。为此，应把握智能化发展趋势，以推动数字技术和自动化技术改造提升装备制造业为引领，重点发展精密和智能仪器仪表与试验设备、数控加工设备、3D 打印、智能控制系统、自动化成套生产线及关键零部件、元器件。

节能环保装备。当前，世界性的能源危机、环境恶化等问题日益凸显，专家认为以低能耗、低污染为基础的低碳经济代表着第三次工业革命。我国把节能环保产业列为重点发展的战略性新兴产业，并陆续出台了一系列严厉的污染防治政策。节能环保产业主要涉及节能环保装备和产品制造业、节能环保技术和服务业以及资源综合利用三个重点领域。东莞发展节能环保产业，有庞大的市场需求，也有一定的装备制造产业和市场主体基础。从区位条件、水资源、土地空间和周边市场需求等方面看，虎门港及临港区域具有建设节能环保装备产业园的条件，应充分利用水乡功能区开发建设机遇，选择适合区域规划建设节能环保装备产业园，重点发展厨余垃圾、工业废弃物和污泥无害化处理设备、节能设备、清洁生产设备等。

海洋工程装备。现代海洋新兴产业中，海洋工程装备制造业被摆在首位。海洋工程装备制造业潜力巨大，前景广阔，尤其是南海油气资源的加快开发将会对海洋工程装备产生庞大的市场需求。目前珠海高栏港已引进三大国家级海洋工程装备制造项目，南沙新区也把海洋工程装备制造作为重点扶持对象。东莞具备良好的港口条件，目前广东中远船务工程有限公司已形成"两坞四船台六泊位"的生产规模，初步建成东莞大型船舶与海洋工程装备修造基地雏形。近年来，该公司重点业务逐渐转向海洋工程装备制造。应推动中远船务加快建设东莞海洋工程装备制造业基地，为海洋油气开采建造钻井储油平台、铺管船等辅助设备。同时，在推进资源整合和重组的基础上，鼓励和支持中小型造船企业发展三用工作船（AHTS）、海洋工程拖船等特色海洋工程辅助设备。

（二）适应水乡功能区发展要求，依托港口码头和区域市场，加快推动现有"大进大出"特色的传统产业转型升级

水乡功能区过去依托水运优势，市场自发发展了一批包括造纸、粮油食品加工、化工、建材、洗水、电镀等具有"大进大出"或环境污染特色的传统加工制造业，其中造纸、化工、洗水和建材加工等方面的企业环境污染问题比较突出，粮油食品加工企业占用土地资源多但投资效率不高。因此，今后水乡区域要加快开发建设，对传统加工制造业应着力进行优化

控制并引导其转型升级，尤其是对污染严重的企业应推动其进入相关产业园区进行集中生产、集中治理。

第一，适度控制粮油加工企业的发展，引导食品饮料企业加快发展。沿海产业带的粮油及食品加工企业主要分布在麻涌和道滘两镇。借助新沙港的散杂货码头和麻涌港区拥有的库容 73 万吨的粮仓，水乡功能区吸引了包括中粮、中储粮、中纺与美国嘉吉等行业巨头在内的粮油加工企业，主要生产精炼植物油、面粉、豆油、棕榈油等，在华南地区具有较高的粮油市场占有率；此外，水乡功能区有日之泉等一批本土食品饮料企业。

对比粮油加工企业，食品饮料企业在利润率和占用土地资源等方面都具有较明显优势。如东莞雀巢咖啡和徐福记等食品加工企业是东莞的纳税大户。为此，应依托新沙南作业区现有散杂货码头和粮油加工项目的优势，着力规划建设粮油食品加工产业集聚区，引入大型食品加工制造项目，鼓励延伸粮油产业链向食品方向拓展，完善食品检测、食品研发、终端销售、市场服务等环节，建设食品专业市场，打造华南地区食品加工冷链物流聚集区和商贸中心。

第二，严格控制低端污染化工项目，适度集聚发展精细化工新材料。目前立沙岛作为华南化工物流仓储中心已基本形成，位于虎门港沙田港区的立沙岛石化作业区前方仓储用地已经获批约 250 万立方米，规划建设总仓储量超过 470 万立方米，荷兰孚宝、中海油、中石化等国内外龙头企业相继落户。2012 年，立沙岛液体化工品吞吐量约 622.3 万吨，同比增长 38.3%，其吞吐量已占广东省的 20%；在精细化工产业方面，立沙岛已经启动总占地面积约 6 平方公里的立沙岛精细化工高端产业园建设。2010 年 7 月，中国石化协会与虎门港展开进一步合作，双方携手设立的高端精细化工科研机构——中国化工经济技术发展中心华南精细化工研究所正式落户虎门港。[①]

———————

① 数据来自虎门港提供的资料。

近年来，石化产业（如 PX 项目）因环保问题在各地备受争议，如广州南沙的石化产业就被迫搬迁至茂名、湛江。从产业链来看，化工材料本身是其他制造业不可或缺的重要原材料，拥有庞大的市场需求。立沙岛作为华南化工物流仓储中心已基本形成，其后方产业用地除了相应发展精细化工外，不适合再另行安排发展其他产业。

因此，考虑立沙岛的优越条件，东莞的化工产业发展应以高端化、精细化、节能化、低碳化为基本要求，重在"调结构、控总量"，着力淘汰技术含量不高、对环境污染大的化工企业，推动技术含量高、环境污染小、盈利能力强并对产业支持力度大的精细化工项目集中进入立沙岛精细化工高端产业园区集聚发展。在发展过程中，必须加强环境监控，确保对周边区域不构成环境污染，否则宁愿闲置也不要开发建设。

第三，严格控制一般造纸企业，转型发展高端纸品制造。造纸及纸制品业是东莞传统产业，经过 30 年的发展，东莞已成为全国重点造纸、印刷、精品包装基地，造纸及纸制品业也被东莞列为八大支柱产业之一。水乡功能区的开发建设，应严格控制传统低端造纸企业的发展，推动造纸业向高档环保包装纸加工业拓展，重点打造生活用纸、纸板和特种纸生产基地，建设循环经济产业园。市场方面，可依托现有产业基础，着力建设广东造纸国际采购中心，通过增强批发市场的市场开拓、统一结算、物流配送、质量检测、信息发布、价格形成等功能，提升市场规模、档次和管理水平，形成与制造业相配套、布局合理的市场集群。

（三）抓住港镇一体化建设和南沙新区开发机遇，重点发展港口物流、保税加工、专业市场、游艇制造、游艇休闲和商务商贸业，努力把虎门港西大坦区与沙田核心区打造成为港口新城

随着港口物流、临港产业和港城一体化步伐的加快，相关服务业也相应加快发展。为此，应顺应区域发展趋势，重点发展保税加工、港口物流、临港商务等服务业，并以服务业支撑带动港城、港产加快发展。

1. 加快建设综合保税物流中心，打造区域进出口商品集散基地

当前，虎门港以散杂货、集装箱与油气化工品为主体的港口物流功能与临港产业体系初步形成，港口信息化与配套服务设施正在逐步完善。依托虎门港的散杂货码头仓储，麻涌、洪梅和沙田都建起了一批专业物流园。今后随着物联网的加快建设，综合物流进入快速增长期。东莞应立足现有基础，顺应物流发展趋势，充分利用物联网技术，加快发展保税物流、电子商务和专业市场，着力打造区域进出口商品集散基地。

加快发展港口物流业。高起点规划、引进、建设一批港口物流项目，配套建设完善的港航基础设施，形成港口物流业的主体运作平台，完善港口物流支撑体系。扶持一批现代物流企业，加快发展运输、仓储、货代、流通等企业，吸引现代物流企业特别是著名航运和船务公司进驻虎门港，推动虎门港以港口物流为重点的现代物流业融入国际国内物流体系。

创新保税物流模式。积极申报国家综合保税区，与"两仓合一"的保税物流体系建立无缝连接，通过保税仓、出口监管仓与港口联动，加强货源控制。开通空中报关、"卡车航班"、就地报关、预约通关、无水港等简化流程的保税物流模式。简化通关进出口手续，深化通关作业改革，提高海关服务质量，实行申办手续电子化和一站式服务，实行监控智能化、数据采集自动化、数据传输电子化、业务审批网络化，减少各种收费，降低通关成本。

2. 着力发展游艇制造及休闲服务业，建设滨海特色的旅游休闲服务区

东莞已经具备一定的船舶制造业基础。除广东中远船务工程有限公司进驻麻涌镇外，东莞还有其他领域的造船企业，主要生产游艇、玻璃钢工作艇、泵沙船、自卸货船等小型船体。目前全世界的船舶制造业都不景气，但是游艇业被称为"漂浮在黄金水道上的巨大商机"，具有很高的经济效益，是兼具劳动、技术、知识和资金密集型的长链产业，对经济具有极大的拉动作用。国际游艇设施委员会的数据表明，游艇业的产业带动系数高达1∶9。随着国内消费水平的不断提高，游艇产业市场需求越来越大。游艇发展专家委员会认为,价格在 50 万～100 万元的钓鱼艇、帆船、休闲游艇消费,未来很可能形成经济规模。为此,应充分发挥虎门港河道岸线资源优势,加大招商引资力度,重点引进国内外知名游艇企业、关键部件生产企业,加大力度发展游艇制造、游艇配件等核心制造环节。

可以预见,游艇休闲旅游未来需求空间巨大,并且沿海高速、虎门二桥等交通设施建成后,临港区域将吸引广州、深圳人群来东莞进行商务休闲旅游。为此,应抓住机遇,着力发展以海洋文化和游艇休闲为特色的滨海商务旅游休闲业。重点要加强通江达海的沿岸游艇停靠点的规划与建设,推进游艇码头建设,鼓励发展游艇俱乐部,引进游艇销售会展和游艇运动项目,适时开辟游艇航线,丰富游艇水上活动,完善游客航海体验等娱乐配套服务;同时,着力开发虎门炮台、疍民文化、龙舟文化等特色文化资源,并与滨海湿地、海上垂钓、水上娱乐、餐饮美食等项目结合,打造具有滨海特色的旅游休闲服务区。

3. 大力发展综合服务业,建设现代港口新城

适应港产城融合发展要求,发展相应的商务商业、公共服务和生活服务业。重点加快发展金融、信息、营运和管理咨询等生产性服务业,打造滨海商务中心,满足金融、信息、商务、贸易、物流等生产性服务需求;着力发展与东莞自身产业发展、生活需求及进出口商品密切相关的生产资料和消费品等方面的临港专业市场,聚集人气带动港口繁荣发展;完善公共交通、教育、医疗、体育等公共服务设施,建设一批环境优美的人才公寓、配套居住区和消费区,满足各阶层居住、购物、休闲、娱乐的需求,建设现代港口新城。

(四) 充分利用邻近深圳前海、宝安机场和自身深水码头等优势,依托滨海湾新区,着力发展现代服务业,打造前海延伸拓展区和深莞合作共建示范区

深圳前海作为深圳与香港的合作平台,已上升为国家级园区,成为深化改革开放的前沿阵地。依托国家的特殊政策、深圳和香港的经济实力、珠三角经济腹地的产业支撑，未来前海的发展前景不可估量，有望成为辐射珠三角乃至大珠三角地区的现代服务业龙头阵地。滨海湾新区位于东莞与深圳交接的交椅湾地区，与前海相邻，具有优越的区位条件。广深沿江高速，广深高速，东莞轨道 R1、R2 线以及沿海高铁等经过滨海湾新区，交通条件便利，同时具备空港、海港、深水岸线、滨海景观等稀缺发展资源。深圳前海面积较小，滨海湾新区与其合作，作为前海的伙伴园区，可充分弥补其土地和空间的不足。滨海湾新区如能够充分利用自身的区位优势，定位于前海辐射区和伙伴园，则有望建成前海延伸拓展区和深莞合作共建示范区。

1. 着力发展现代服务业，打造前海延伸拓展区和深莞合作共建示范区

滨海湾新区与深圳沿江新城、前海合作区同属伶仃洋湾区，均定位于现代服务业等高端产业，加强两地现代服务业合作，共建合作示范区，有利于深莞两市实现互利双赢和协调发展。要对接深圳前海合作区的主导功能，依托前海的政策优势和东莞制造业基础，发展工业设计、技术研发、服务外包、现代物流、中介服务，以及软件开发、网游动漫等产业，提升东莞现代服务业发展水平，成为人才、技术、资金和智力活跃核心区，建设现代服务业集聚区。通过在滨海湾新区建设中国加工贸易产品博览会会场、广东现代国际展览中心、国际贸易交易网站等形式，使国内外贸易商通过滨海湾新区与东莞市内外制造业和代工企业实现无缝连接，努力打造永不落幕的"国际商品贸易博览会"，建设国际会展和国际贸易集聚区。

2. 加强与深圳机场北片区的衔接，打造滨海新城

加强规划衔接，在路网、轨道交通、岸线整合等诸多方面与深圳沿江新城、前海的相关规划做好协调工作，为现代服务业合作发展构筑良好的基础设施。发挥滨海湾新区地处穗莞深都市走廊核心区优势，打造高水准国际化滨海新城，成为珠三角世界级都会区战略节点、珠江入海口的明珠，助推城市高质量发展。建设高端商务区、物流会展区、休闲旅游区等功能区，形成重要的区域服务中心和旅游度假中心。

四　加快建设东莞临港产业集聚区、推动港产城一体化发展的策略与措施

虎门港及临港区域要在区域竞争中脱颖而出，就必须加强区域整体规划，科学谋划重大项目，加强区域空间资源整合，积极争取国家政策支持，巧妙借力周边高端平台，加快推进基础设施和软环境建设，创新区域统筹协调机制，建设高水平临港产业集聚区，推动港产城一体化发展。

（一）以前瞻视野规划临港产业集聚区

中外港口城市演变的规律和趋势表明，港城关系正逐步走向一体化，临港产业发展也正处于一个转型升级的新阶段。先进港口城市普遍注重临港产业的科学谋划和港城的整体规划。其中，新加坡、韩国仁川、我国天津滨海新区的经验十分值得东莞借鉴。新加坡作为一个名副其实的港口城市，在不同发展时期根据国际国内形势变化，采取不同的产业发展战略，提出了一系列引导产业发展的政策措施，在竞争中不断推进港口城市的转型升级。20 世纪末，韩国仁川为了克服亚洲金融危机带来的不利影响，寻求新的增长动力，在分析自身环境的基础上，前瞻性地提出了仁川经济自由区开发战略及规划，目标是通过填海、连地和特色化开发，推动仁川由传统港口城市迈向东北亚商务中心城市、新生代国际经济城市和尖端未来城市。我国天津港临港经济区紧紧抓住滨海新区开发开放的历史机遇，调整港口经济发展定位，将临港经济区高标准规划为港口功能区、临港产业集聚区、物流功能区和生态环境区，致力于打造港口和工业一体化的我国北方重型装备制造业产业集聚区。

虎门港及临港区域的发展，应充分考虑港城一体化发展要求，充分考虑港城经济的互动模式和互动效应，加强对临港区域的规划和设计，尤其是在产业的选择上，要根据港口的区位条件、属性和功能的差异，合理选择和发展港口业务，加强与周边港口城市的合作，形成错位发展和功能互补格局，把握临港产业发展趋势，发展具有临港特色的产业体系，以产业转型推进港城发展，使港口先进制造业和服务业逐渐成为港口经济的主导产业。

（二）科学谋划重大临港产业项目

目前东莞市针对重大项目的招商引资，已制定包括《中共东莞市委东莞市人民政府关于加强重大项目招商引资工作的意见》等"1+5"项政策机制，对招商引资队伍建设管理、重大项目认定管理、招商引资的"一站通"工作机制及产业指导目录都进行了明确规定。但对于临港产业项目的招商引资，缺乏明确导向、目标指引和认定机制。一是应进一步明确临港区域产业发展导向，围绕"建链""补链""强链"思路，有的放矢进行招商引资。对产业链条缺失的高附加值环节进行"补链"，对高端装备制造等新兴产业进行"建链"，对传统优势产业链的薄弱环节进行"强链"。二是避免"一刀切"简单做法，完善重大项目筛选评估和跟踪服务管理机制。目前针对重大项目的基本条件、综合效益的认定，"一刀切"做法虽然便于操作，但容易导致部分项目为勉强达到基本条件虚报投资额，也容易限制部分投资规模虽小但属于真正高质量、高技术项目的引进。应借鉴深圳经验，进一步对各类产业项目认定条件进行细分，避免简单化的"一刀切"做法，同时有针对性地构建重大临港产业项目前期的筛选论证机制和后期的跟踪服务管理机制，防止出现重大投资失误。其中，在项目的引进评估阶段，应着力从技术先进性、市场占有率、对当地财政的贡献率、就业、用地、节能及对生态环境的影响各个方面进行细化分析，建立一套科学的重大项目评价体系；在项目的跟踪服务管理阶段，建立一套责任明确的跟踪服务管理机制。三是建立重大项目利益分成机制，促进港镇之间联合招商，实现资源整合共赢局面。目前，各自为政、分散发展已成为制约东莞可持续发展的主要障碍。针对重大项目的发展，目前市镇、园镇和园区之间项目利益分成机制还不完善，导致东莞市招商引资力量分散乃至竞争内耗局面难以从根本上改变。针对虎门港与临港区域的复杂关系，需构建港镇项目利益分成和联合招商机制，才可能实现合作共赢。

（三）积极争取国家政策支持

虎门港及临港区域的发展，受政策瓶颈制约，需积极向国家和广东省争取政策支持。重点要争取国家和广东省对东莞沿海区域进行整体开发建设和统筹发展的支持。目前，水乡区域已获广东省立项支持，成为水乡功能区，这对水乡各镇的统筹发展极其有利。如何整体规划虎门港及临港区域，争取国家和广东省的政策支持，直接关系着东莞沿海区域顺利发展。为此，应抓住当前国家和广东省大力推动海洋强国战略的契机，争取国家和广东省更多更大的"名义"支持。当前最迫切的是要积极争取获批国家级综合保税区，推动出口监管仓库和保税仓库（以下简称"两仓"）的布局和建设。综合保税区是我国开放层次最高、优惠政策最多、功能最齐全、手续最简化的特殊开放区域。它在整合原来保税区、保税物流区、出口加工区等多种外向型功能区之后，更开放，也更符合国际惯例。随着虎门港临港产业的发展壮大，以及临港产业集聚区的规划和建设的迫在眉睫，综合保税区的申报工作意义重大。同时，依托东莞保税物流中心，东莞还需进一步扩大"两仓"的规划和建设。这是东莞临港产业集聚区和腹地双向联动的最主要通道。

（四）创新港产城统筹协调发展机制

港城融合和港产联动是先进港口（包括港口城市）发展的大趋势。港城融合和港产联动本质上是区域统筹协调发展问题。临港区域应避免重走分散发展的老路，要从全局出发全面综合地考虑区域发展的各个层面、各个环节和各种要素，以政府资源为基础，以制度建设为保障，整合社会资源，逐步协调各区域（包括各园区、镇街）的关系并促进各区域的经济社会全面发展，最终实现临港区域社会经济的动态协调发展。为此，应充分发挥政府的规划和政策的引导作用，努力创新区域合作模式、推动港城一体化深入发展，形成港口、临港产业发展和城市开发建设相互依存、相互促进、共同发展的局面。重点要创新构建统筹规划、行政协调、资源整合和项目共建等方面的协调机制。应借鉴先进城市港城一体化管理机制，针对虎门港与沙田镇的实际关系，重点从行政、规划等方面推动港镇一体化发展；针对虎门港与麻涌等的实际关系，重点按照园区共建模式，推动港镇之间"港产联动"实现资源共享、项目共建、利益共分；针对水乡功能区相邻各镇之间的实际关系，重点从规划和行政层面推动项目合作；针对滨海湾新区与周边各镇之间的实际关系，探索建立股权合作模式。

（五）创新园区发展投融资机制

虎门港及临港区域需创新构建多元化投融资机制。一是充分利用东莞的金融平台和社会资本。利用好东莞金融改革创新先行先试区所建立的金融平台，推动金融合作，创新融资方式，拓宽融资渠道。融通吸纳社会和民间资本，引入建设-转让（BT）、建设-拥有-转让（BOT）等工程项目融资合作方式；加强与银行、信托公司、担保公司等金融机构的合作，通过项目包装，探索多元化融资方式，满足不同项目融资需求；探索通过股改方式引入战略投资者或股权基金。二是成立东莞临港产业投资发展股份有限公司。将该公司打造为实力强大、运作高效的投融资实体，通过债券融资、银行贷款、BT 融资、BOT 融资、信托融资和资产证券化、协助融资、股权融资等多元化融资渠道，满足产业集聚区的基础设施建设和项目建设融资需要。三是创新园区建设开发模式。积极推进多元化的园区开发建设和管理。国有独资、国有控股、国有参股、政企合作、委托开发都可以成为园区的开发运营模式。尤其是专业产业园的开发运营,可考虑引入专业运营公司开发建设和管理。

(六) 加强港口软实力和软环境建设

港口软实力和软环境建设是衡量一个地区港口经济竞争力的重要方面,也是招商引资重大项目的重要条件。国内许多港口城市建设的经验表明,在加强港口配套基础设施等硬环境建设的同时,要重点加强港口软环境建设,增强港口软实力。重点要拓宽港城建设的投融资渠道,积极鼓励企业和社会资金投入建设港口码头和港口服务业,逐步建立起市场化、多元化的港城建设投融资机制;整合港口物流资源,加强港口物流综合联动,形成多层次、点线面有机结合的区域物流网络体系;加强港口信息化建设,不断提高通关效能;加强港航企业诚信体系建设、文化建设和法制建设,形成良好的营商环境;加强港口科技平台建设,提升总部经济辐射能力、创新辐射能力;加强港口的综合服务平台建设,提升行政服务能力和安全保障能力。

滨海湾新区产业发展规划及促进政策[*]

滨海湾新区（以下简称"新区"）位于粤港澳大湾区核心位置，紧临深圳前海、广州南沙，是东莞最后可成片开发建设的"黄金宝地"，是建设广深科技创新走廊的重要节点和核心平台，区位价值极其显著。新区定位于建设现代滨海新城，作为东莞面朝大海、融入粤港澳大湾区的门户，肩负"对外协同"和"对内引领"的战略使命。

一　新区产业发展定位分析

经过改革开放 40 年快速发展，粤港澳大湾区已逐步迈入后工业化阶段，现代化经济体系加速构建，创新型经济与城市型社会渐趋成为主流经济社会形态，生产服务化与高技术产业化、消费高端化与个性化、区域一体化与节点化、社会网络化与智能化等趋势性特征明显，尤其新一代信息技术和人工智能技术的发展推动信息化步伐加速向智能化、万物互联转变，新技术催生发展新模式、新业态和新格局。对新区产业发展定位的分析，重点要把握世界湾区经济格局、国内产业发展趋势、大湾区都市圈发

＊　本报告为 2018 年滨海湾新区管委会委托研究课题，由胡青善主笔，与邓华共同完成。

展机遇、新一轮技术革命及产城人文融合发展等重大趋势。

第一，从世界湾区经济格局看，在全球化与海洋经济时代，海湾尤其是江河入海型湾区吸收了区域主要经济能量，成为高密度集聚发展区。新区位于大湾区都市圈核心区域，向海发展有着天然优势，应高质量建设滨海新城，使其成为融入大湾区和广深科技创新走廊的主要门户。

在全球化与海洋经济时代，海湾尤其是江河入海型湾区因为海陆交通便利集聚了世界性的资源要素，成为各国对外开放的门户，形成了各具特色的湾区经济。世界顶级的湾区如纽约、东京、旧金山、伦敦、悉尼和粤港澳都具有很强的开放性、创新性、宜居性和国际化特征，具有开放的经济结构、高效的资源配置能力、强大的集聚外溢功能和发达的国际交往网络，发挥着引领创新、聚集辐射的核心功能，已成为带动区域发展的重要增长极和引领技术变革的领头羊。四大湾区中，粤港澳大湾区与东京湾区类似，东京湾区通过江户川与日本关东平原相连，粤港澳大湾区通过珠江与内陆相连，都是海陆通道和临港产业的集聚地，在发展"大进大出"的加工制造业方面极为相似。在产业结构方面，东京湾区重化工业占比很高，粤港澳大湾区的深广莞惠等地与旧金山湾区的硅谷相似，形成了万亿级电子信息产业集群；在发展水平和潜力上，粤港澳大湾区与纽约、东京和旧金山还存在较大差距，尤其在互联互通、一体化发展方面，但也因此拥有更大发展空间。随着国家"一带一路"倡议和大湾区战略的深入实施，粤港澳大湾区对外进一步开放，内部更紧密合作，尤其是珠江东西两岸互联互通、粤港澳大湾区与国内广阔的经济腹地紧密相连，未来发展前景非常光明。

第二，从国内产业发展趋势看，发达地区产业发展进入高技术产业化和生产服务化阶段，创新型经济和城市型社会成为经济社会主要形态，现代化产业体系加速发展。新区应顺应创新型经济和都市型经济趋势，发展高技术产业和现代服务业。

产业演变有其内在规律。据霍夫曼定理分析，工业结构的演变总体上可分为轻工业化、重工业化以及高技术产业化和生产服务化三个阶段。改革开放以来，中国工业化进程总体上经历了20世纪八九十年代以消费品生产为主的轻工业化阶段，21世纪以来城市化带动的重化工业阶段，目前正转向高技术产业化和生产服务化阶段。

高技术产业化阶段，经济的发展更多依赖技术创新，科技与人才成为发展的最重要元素，加工制造向加工智造转变，制造业高端化、智能化、服务化和战略性新兴产业成为发展重点，企业竞争进入以科技或平台为核心竞争力的垄断竞争时代。从产业升级看，产业升级是牵涉诸多生产要素的系统工程，包括产品开发、技术研发、工艺改造、装备升级和产业链升级等，其一般路线为消费升级—产品创新—技术升级—装备升级—产业链升级，在转型升级过程中，科技创新和龙头企业带动是关键和主要动力。从企业竞争看，产业升级过程往往也是企业从自由竞争到垄断竞争的过程。如国内家电行业，从早期的自由竞争进入现今的垄断竞争阶段，产业集中度不断提高，目前已基本形成几家龙头企业垄断竞争格局，美的、海尔、TCL、格力等龙头企业基本垄断了家电行业市场。电子信息产业，随着信息技术加速更新换代，更是经历了一个"各领风骚三五年"的过程，从润迅传呼到PC时代的联想，再到智能手机时代的华为、OPPO、VIVO、小米，垄断竞争格局日趋明显；国内互联网产业的发展，更是在短短20年间，经历了信息革命与商务革命，进入BAT（百度、阿里巴巴、腾讯）尤其是以阿里巴巴为代表的电商巨头和以腾讯为代表的信息巨头的垄断竞争阶段。未来进入智能化与万物互联时代，谁将引领下一波信息技术革命，仍存在巨大变数。

生产服务化阶段，一方面，国际经验表明，制造业发展到一定阶段后，其附加值和市场竞争力的提升更多地依靠生产性服务业支撑，即向微笑曲线的两端延伸：一端是研发设计、软件服务；另一端则是物流、营销、品牌、市场、金融等。伴随着制造业的服务化，生产性服务业得以迅速发展。另一方面，从城市发展看，在工业化和城市化的初、中期阶段，往往以工业发展为主导，以城市发展为支撑，以工业化带动城市化；当工业发展到一定阶段，随着城市服务功能的不断加强，服务业赶超工业，以城市发展为基础的服务业上升为主导地位。2012 年以来，中国城镇化明显提速，城镇化带动服务业加快发展，城市型经济成为主要经济形态。同时，产业转型需要城市升级作为支撑，要求城市提供更好的综合服务功能，而这又将推动城市加快升级发展。这个阶段，制造业与生产性服务业呈加速融合发展趋势，科技研发、创意设计、工业服务、金融服务、信息服务、物流会展、商贸流通及各类商务服务等生产性服务业加快发展。

第三，从粤港澳大湾区都市圈发展看，香港国际化优势突出、深圳创新型经济强劲、广州区域综合优势明显。新区应立足东莞制造业基础，主动承接深圳高技术产业溢出，对接港广现代服务业与人才溢出，并与港深广差异化、融合化发展。

经过改革开放 40 年的快速发展，粤港澳大湾区总体上形成了以香港、深圳、广州为三大核心，东莞、佛山、珠海、惠州、中山各具特色的发展格局。其中，香港是中国对外开放的桥头堡，具有国际化、自由经济体和生产服务化特征，以及内地城市难以取代的国际地位；深圳从加工贸易到创新型经济转型，是改革开放的先行地和试验田，是移民文化、市场经济和服务型政府的典范；广州是区域中心、省会综合型经济的代表。目前，大湾区正加速从以加工贸易为主的外源型经济向创新驱动为主的内源型经济转变；大湾区核心区从虹吸周边资源要素的极化阶段向对外辐射转移的溢出阶段转变。其中，深圳创新型经济强劲，需要向外拓展发展空间；香港与广州的现代服务业发展饱，需要与周边制造业融合；东莞、佛山、中山、惠州等城市的制造业和高端产业面临美国再制造的压力，低端传统产业面临向外转移的竞争。

未来粤港澳大湾区城镇群互联互通、一体化发展将加速推进，区域产业错位联动格局不断形成。未来粤港澳大湾区有望形成多个都市圈发展格局，其中核心区域很可能形成以深圳南山（前海）和南沙为双核心的 50

公里半径的创新型经济核心圈，形成都市圈层格局。新区处在双核心中间和新一轮技术、产业、城镇与社会变革的旋涡边，应立足区位优势、抓住粤港澳大湾区都市圈发展机遇，主动对接香港、深圳、广州产业、资本和人才溢出，顺应高技术产业化与生产服务化趋势，与香港、深圳、广州紧密联动发展。

第四，从技术与产业革命看，以"智能"与"融合"为主要特征的新一轮信息技术与产业革命处在爆发前夕，广深科技创新走廊建设加快推进。新区应立足信息产业基础，依托紫光芯云产业城、步步高等龙头企业，集聚上下游产业链，着力构建创新链，重点发展新一代信息技术、互联网和人工智能产业，打造新一代信息技术与产业基地。

随着新一代信息技术包括5G、IPV6、云计算、物联网、大数据及人工智能等加速融合发展，以智能化和万物互联为主要特征的新一轮信息产业革命正处在爆发前夕。尤其是随着神经网络、深度学习等人工智能算法以及大数据、云计算和高性能计算等信息通信技术快速发展，人工智能进入新的快速增长时期，是最具活力、最具创新的行业之一。可预见不远的未来，互联网将向经济社会各个领域环节深入渗透扩散，形成万物互联格局（如物联网、车联网），"智能"与"融合"将演化为互联网发展核心特征。迈入智能融合时代，具备全维感知、自然交互、融合线下、智能服务等核心特质的"新型智能硬件"与"智能互联网+"，将成为行业发展的主要方向。其中，在"新型智能硬件"方面，智能家居、车联网、虚拟现实已是全行业竞逐焦点；在"智能互联网+"方面，全球产业界正积极抢占人工智能战略制高点，智慧城市、智能制造、新零售、智能汽车等一系列"智慧+"正成为新业态、新模式，新一批独角兽企业将引领发展潮流。

第五，从产城人文融合发展看，国内消费加速升级，香港、深圳、广州城市外扩，"一带一路"和自贸区建设加速推进，东莞城市升级明显提速。新区区位交通、文化资源与时尚产业优势突出，建设滨海新城，应重点发展生产性服务业及具有文旅特色的现代生活服务业，打造区域性商务中心、文旅中心和时尚创意中心，引领东莞未来发展新格局。

近年来，国内人口城镇化明显加速，粤港澳大湾区是国内人口主要流入区，人口城镇化水平持续提升。城镇化发展和国内消费升级，必然带动现代服务业发展。以现代服务业为主的都市型经济已逐渐成为主导经济。同时，大湾区区域一体化与节点化、生产服务化与高技术产业化、消费高端化与个性化、社会网络化与智能化等趋势性特征非常明显。其中，生产服务化和高技术产业化尤其是智能制造对东莞制造业升级具有很强的带动作用，消费高端化对文体旅游健康时尚等产业有很强的带动作用。

目前，港深广都市圈城市发展已接近饱和，城市人口与城市功能都亟须外扩，尤其是三大都市的现代生产性服务业都需要与制造业融合发展。近年东莞城市化步伐明显加快，深圳产业与人口向东莞溢出将进一步加速东莞城市化步伐，新区邻近港深两地，是港深产业、人口与城市功能溢出的最优选择。目前，滨海片区尤其是虎门、长安是经济发达镇区，已基本没有发展空间，亟须打造高品质滨海新城引领区域发展。为此，新区应立足片区乃至东莞高端服务需求，主动对接港深都市圈，积极引入港深广三地的现代服务业，以港口物流和综合交通为支撑，争取自贸港政策，发展"一带一路"投资服务平台和跨境电商集聚区，并以公共交通导向（TOD）集聚发展金融、电商、物流、信息技术及人才等现代服务业和总部经济，建设滨海片区城市中心和大湾区重要节点城市。

其中，从新区三大片区发展条件看，交椅湾片区和沙角片区建设期较长，在未来 5 年时间内难以形成气候，最容易也最可能抓住"窗口"期机遇的是威远岛片区。威远岛土地空间非常有限，且作为生态功能区和历史文化区受到诸多限制，但集区位优势、历史资源、滨海风光、生态环境和商务资源等优势条件于一身，按照"人无我有、人有我优"原则，威远岛应突出发展以文旅和创意设计为特色的现代服务业。主要理由如下：一是有资源优势。集区位、历史、滨海、生态和商务等各类旅游资源和后发优势于一身，即使放眼大湾区，威远岛旅游资源也是独一无二的。二是有产业优势。滨海片区产业，包括虎门的服装、厚街的鞋帽家居与会展服务、长安的消费电子等都是具有很强时尚创意色彩的消费产业，这些产业向高端延伸，需要的不是高深科技研发，而是软件服务和创意设计。依托这些消费产业，打造时尚创意岛反而更为可行，并容易与文化旅游休闲形成共鸣效应，对于扩大新区在大湾区的影响力意义重大。三是有市场优势。新区经济发达，有强大的文化消费能力，但周边区域尤其是虎门、长安乃至前海、南沙、中山都缺乏大型图书馆、体育馆、综合剧场、青少年宫等高端文体设施，不能充分满足群众的文化消费需求。从引领东莞未来发展看，松山湖高新区突出产业科技引领，新区应突出文化引领，这是对人的发展更高层次的满足。四是有综合优势。从与周边地区的比较来看，深圳在科技创新和体制机制方面的竞争优势，东莞无法超越；广州、珠海聚集了一批大学，技术和人才优势非常明显；对面的南沙区位优势同样突出，已被列为广州"唯一的城市副中心"；松山湖高新区作为国家级高新区，突出创新驱动，已集聚了不少技术应用型大学和科研机构，因此威远岛也不适合再重走松山湖高新区的老路。但从与港深广三地的协调和错位发展看，香港的优势是国际视野、现代服务和创意设计，而不是科技创新；深圳号称"设计之都"，需要向外拓展空间；广州和珠海有技术和人才优势但制造业基础不如东莞，并且威远岛距离广州大学城不到 50 公里。新区位于大湾区核心，可采取"杂取种种、为我所用"的拿来主义策略，综合利用周边资源，大力发展文化旅游和时尚创意设计。

在粤港澳大湾区发展格局中，打造以威远岛为核心的文化旅游名片，并以文旅带动创意设计发展，带动现代生活服务业，是新区最可能形成强大影响力的发展路径。这是打造新区在大湾区文化旅游中心地位的得天独厚的"一张牌"，应高度重视、重点开发。

二 东莞及周边重点平台产业政策情况分析

新区产业政策设计应立足东莞市现有产业政策体系，对标周边新区产业政策，有针对性地分阶段、分类型、分层次地科学编制新区产业政策，为新区产业发展构建软环境。

（一）党的十八大以来东莞产业政策实施情况

党的十八大以来，东莞为加快推动产业转型升级，制定了一系列产业引导政策，总体上经历了以加工贸易转型为重点的初级阶段（创新起步），以"机器换人"为重点的转型升级中级阶段（创新蓄力），以"倍增计划"为重点的加速阶段（创新加速），以高品质城市建设为支撑的转型升级成熟阶段。

东莞市委、市政府从产业规划、创新驱动、"机器换人"、智能制造、产业平台、科技金融、"倍增计划"、开放型经济、人才集聚和营商环境等方面加大力度，采取了税收优惠、财政奖补、人才引进、土地调配、服务优先、环保高压等各个方面的措施。政策实施方式，从注重量转向注重质、从单一政策转向综合政策、从分散发力转为聚焦用力、从注重平台基础到注重龙头带动、从注重外资转向注重内资、从注重招引到注重培育。毋庸置疑，这些产业政策都取得了较大的成效，尤其在科技创新、"机器换人"、"倍增计划"等方面，东莞市政府举全市之力加以推动，取得了显著成效。

在前瞻性产业政策方面。针对智能制造、"机器换人"和创新驱动，东莞推出了一系列政策。"机器换人"方面，2014 年东莞在全国率先启动"机器换人"计划，每年安排 2 亿元专项资金推动"机器换人"，资助企业利用先进自动化设备进行新一轮技术改造。

在推动创新驱动发展方面。早在 2006 年东莞就已前瞻性地着手实施"科技东莞"工程,"十一五"期间每年安排 10 亿元("十二五"期间增至每年 20 亿元)支持创新发展,形成了较为完整的创新驱动政策体系。目前东莞的财政科技投入金额稳居全国地级市前列。

在产业平台载体方面。"众创空间—孵化器—加速器—专业园区"的全链条创新创业孵化体系逐步形成,为产业转型升级提供有力支撑。拥有中国(东莞)国际科技合作周、中国海洋经济博览会、中国加工贸易产品博览会等一系列科技、经贸交流平台。

在科技金融方面。东莞市制定了科技金融政策,到 2017 年底,东莞通过设立市级产业投资母基金,带动形成总规模超 50 亿元的产业投资基金体系。

在开放型经济方面。重点在外贸通关服务、放宽市场准入、加强市场监管、加工贸易转型发展等方面进行改革。东莞市每年拿出 10 亿元作为加工贸易转型升级专项资金,鼓励加工贸易企业加大自主研发力度,向自主品牌、自主营销加快转型。

在扶持优质企业方面。东莞市出台了"倍增计划"等政策体系,全面覆盖了支持企业倍增发展的政策、产业、土地、资本、人才等要素领域,以前所未有的力度支撑企业实现更高质量发展。

(二)周边五大平台产业政策比较

当前,国内城市竞争极其激烈,各地掀起"抢人大战",争相出台各类优惠政策。粤港澳大湾区受益于政策驱动,将成为新一轮发展热点,也将面临新一轮的区域竞争。

目前,周边主要有深圳前海、广州南沙、东莞松山湖、珠海横琴、中山翠亨这五大平台。除中山翠亨外,其他四个平台已完成前期开发建设,进入中后期发展阶段,在产业政策方面已逐步完善,并积累了丰富的经验,是新区重点对标对象。总体上,周边五大平台各有特色,各有优势,都是各地发展重点，也都面临着区域同质化竞争问题。

总部经济方面。大湾区城市政策方向基本一致，差别仅是支持力度不同。在总部经济方面，都以"引、聚"为主，培育为辅，策略上体现了增量为重、存量为次的政策特征。在企业上市鼓励方面，都重点给予财政资金直接奖励，倾向于在市级支持基础上叠加开发区扶持，集中体现了地方政府对域内企业规模化发展及龙头带动效应的偏好。

重点产业方面。大湾区各城市根据自有特点，均出台了相应的鼓励政策，涉及重点产业布局、重大项目实施、核心载体集聚、创新主体引培等，产业定位及政策选择虽同质但也有细分差异。综合比较，深圳（前海）、广州（南沙）、东莞（松山湖）等地政策较为成熟，在产业覆盖及支持力度上逐步形成体系，如南沙推出了"1+1+10"产业政策体系，支持领域涉及先进制造业与建筑业、航运物流、金融服务、商贸、科技创新（高新企业、研发载体、创新平台、成果转化）等各方面。

人工智能方面。目前，智能城市、智能医疗、智能交通、智能制造、无人驾驶等领域的研究需求与日俱增，市场需求巨大。各地均就此进行了重点布局并拟订了专项支持计划，尤以深圳、广州、东莞等地最为突出。2017年深圳市成立了国内首个人工智能行业协会，会员主要包括百度、中兴通讯、科大讯飞、搜狗科技等100余家国内优秀人工智能企业；在财政资助方面，深圳对人工智能产业的支持主要体现在新一代信息技术、智能制造、科技创新平台及服务等专项政策中，支持额度从500万元到4500万元不等，力度大、方式活、体系全，包括资金支持、梯次贴息、股权投资、人才奖励、研发补贴等多种方式。

2017年广州黄埔区、开发区与百度风投签署协议，设立规模高达20亿元的人工智能专项风投基金，共建AI（人工智能）创业中心区、全球技术转化区、产业智能化示范区。基金拟投资广州和全国其他城市的人工智能底层技术、智能机器平台、行业智能化创业企业、人工智能高端人才及项目。目前基金一期已投资超过40个项目，涉及智能传感、智能芯片、智能医疗技术、智能零售、智能交通物流、智能城市安防、智能工业等领域。

2018 年 5 月东莞市发布核心技术攻关项目，将人工智能及芯片技术作为重点支持方向，支持额度达到 2000 万元。此外，在智能制造领域，将"人工智能与大数据在智能制造中的应用"作为重点支持方向。

人才引进方面。近年来，全国各地纷纷出台各类优惠政策争抢人才，东莞周边五大平台也不例外。在人才引进上，深圳起步早，体系完备，支持力度大。在人才引进方面，前海在享受深圳市及南山区人才政策的基础上还可叠加本区的相关人才政策资助，最具针对性的便是所得税的减免。南沙在人才引进政策上，支持力度大，政策覆盖面广、方式多。支持力度大，如给予高端人才最高 1000 万元安家补贴或最高 200 平方米人才公寓；对高端领军人才"团队+项目"给予的资金支持上不封顶。政策覆盖面广、方式多，如设立"南沙专才奖""南沙工匠奖"，对院士工作站、博士后流动站及创新实践基地等载体予以奖励。符合条件的企业高级管理人才，除享受特殊人才奖励外，还可在企业经营贡献奖中获得高管人才奖励。东莞通过建设名校研究院平台及采取强有力的财政支持，在高端人才引进集聚上形成了较有竞争力的人才引进格局，其人才引进政策体系也迅速得到了完善，取得了较好成效。东莞市一级的人才支持政策也较为全面，前期主要集中于高端紧缺人才的支持，如引进创新科研团队（上限 1000 万元）、引进领军人才（上限 500 万元，含奖励）、特色人才评定（购房、租房及相关补贴）；近期也重点针对技术型人才给予大力度的政策鼓励。

三　新区产业发展与政策设计应重点考虑的问题

在市场经济体制下，企业是市场主体，有利于发挥市场配置资源的基础性作用。不同产业、不同企业选择发展空间有着不同的要素要求。制造业企业对成本和产业配套敏感，服务型企业对人才和环境更为重视。新区的产业发展定位、创新模式选择、产城融合模式及政策设计制定，应精准把握产业发展趋势、产业特性和企业需求痛点，系统考虑。

（一）新区产业发展，应突出发挥区位优势、后发优势和比较优势，对外走差异联动道路，对内走综合发展道路

新区规划，战略定位与产业导向至关重要。前海起步之初，即明确定位于深港现代服务业合作，主动对接香港，探索"特中之特"制度创新，由此获得中央高度重视；松山湖高新区坚持创新发展，打造"4+1"现代产业体系，即高端电子信息、生物技术、机器人、新能源产业和文化创意、电子商务等现代服务业，坚持"筑巢引凤"，终于引进华为终端总部等国内外行业龙头企业，以及一批发展潜力大、后劲足的中小型科技企业。

东莞是制造业名城，相比周边香港、深圳、广州等城市，东莞发展高端制造业有产业集聚、上下游配套和低成本等综合性优势。因此，新区在产业发展及政策选择上，应基于现有地缘和产业基础，选择既符合自身条件又可预期形成未来竞争优势的核心产业。同时，新区定位于建设东莞城市副中心的滨海新城，产业发展不宜过于单一，应强化产业集聚的综合效应，建设融合"产业链、创新链、资金链和人才链"多元共生的产业生态圈。

考虑新区尚处在规划建设阶段，产业发展面临较大不确定性，产业导向宜粗不宜细。大方向应主动对接深圳高技术产业溢出，重点发展新一代信息技术、互联网及人工智能产业；对接香港、深圳、广州现代服务业溢出，发展与东莞制造紧密关联的包括现代物流、现代金融、科技服务、信息服务、创意设计、跨境电商等生产性服务业；依托威远岛历史文化资源优势，重点发展文化旅游与创意设计，并综合集聚包括体育、健康、教育、休闲、餐饮、娱乐等满足现代生活的生活服务新业态，形成

新区核心价值。

（二）新区创新发展，应抓住广深科技创新走廊发展机遇，借鉴深圳模式，以企业为主体、平台为辅助，着力构建创新链，发展创新型金融，推动科技成果转化

创新型经济是世界各国竞争的重点。粤港澳大湾区城市群中，香港是龙头，其国际化优势对大湾区打造国际创新中心有极其重要的作用。深圳多年来坚持把创新作为引领发展的第一动力，强化产业、研发、市场、资本、人才等全要素协同，形成独特的创新链和创新创业生态圈，在打造可持续发展的全球创新之都方面具有重要地位。广州集聚了一批大学，在基础科研和基础人才培养方面优势显著。东莞产业基础雄厚，在科技成果产业化方面有突出优势，同时东莞中子科学城在广深科技创新走廊建设中起着连接广州、深圳的桥梁作用。此外，东莞与香港产业关联度高、与深圳产业链关系密切，建设广深科技创新走廊，东莞有着不可或缺的重要地位。

目前，深圳已成为世界著名的科技产业高地，孵化出了华为、中兴通讯、比亚迪、腾讯、大疆等一大批明星科技企业，在多个领域引领世界科技创新方向。深圳科技产业发展历程也是产业转型升级的过程，主要经历了三个阶段。第一，以市场为导向、以产业化为重点，初步形成了科技产业群（1984~1997年）。这个阶段形成了"市场—企业—研究机构—企业—市场"的技术开发与转化的良性机制。即市场需求反馈到企业，企业将技术开发需求与研究机构合作，技术开发后，企业将技术转化为产品，满足市场的需求。第二，以中国国际高新技术成果交易会为平台、以民营科技企业为主力，形成自主创新科技产业群（1997~2008年）。这一阶段初步形成了深圳企业自主创新的"四个90%"特征：一是90%以上的研发机构设立在企业；二是90%以上的研究开发人员集中在企业；三是90%以上的研发资金来源于企业；四是90%以上的科技成果产自企业。第三，强化基础

研究补短板、外引内联突破前沿技术，形成引领优势（2009 年至今）。这一阶段深圳重点加强了高等教育和基础研究方面的投入。目前，深圳设立了 5 家诺贝尔奖科学家实验室和 7 家海外创新中心。

松山湖高新区借鉴深圳第三阶段的南山模式，实施"引入名校搭科研平台—集聚人才搞创新—扶持企业求发展"路径。目前，松山湖高新区在高校平台、国家孵化器、高新技术企业密度、高端人才团队等方面已占据东莞的半壁江山。近年来，各类科技园、科技孵化器园区逐渐成为创新型经济的主要载体。应该说，这种模式符合发展形势和政策要求，为松山湖高新区广泛对接高校人才打下了非常好的基础；不足之处是，东莞制造以加工贸易为主，缺乏深圳前期阶段的基础，以高校为主导、依靠政府支持的各类科研平台在主动对接企业和市场方面存在较大缺陷，科技成果转化率较低、见效慢、周期长。在科技、产业与金融融合方面，松山湖高新区借鉴深圳经验，设立科技、产业、人才发展专项资金，同时搭建了多层次资本市场体系，成立了松山湖基金小镇和松山湖金融产业集团，集中支持园区科技创新、基础设施、产业发展等各项工作，结合园区高校平台群及在此基础上形成的各类孵化器、研发平台（实验室）、孵化企业、高端创新创业人才等主体，充分释放了财政及金融资本的产业及社会效益，并反向推动了园区的人才引入、项目落地、成果转化及创新氛围的形成。

目前，新区尚处于起步规划建设阶段，无论硬环境和软环境都缺乏，且土地空间非常有限，需借鉴松山湖高新区经验，但不宜重走松山湖高新区的老路。应针对深圳高成本、空间不足的软肋，实施跟随赶超策略，主动对接深圳创新资源，与其联动，差异错层发展。可重点引入深圳的龙头企业、科技孵化器和创投资本，综合配置包括金融服务、技术服务、人才服务、生活配套服务等各类产业发展要素，引导深圳中小科技企业在新区集聚集群发展。

（三）新区城市发展，应突出产城人文融合，借鉴新加坡经验建设现代滨海新城，实施"以文带游、以游带产、以产兴城"策略，引领东莞产城人文升级，满足区域更高层次服务需求

长期以来，由于实施市镇村组"四轮驱动"发展战略，东莞的产业和城市空间布局过于分散，产业和城市资源缺乏统筹规划、有序整合，土地资源滥用问题突出。进入创新型经济和城市型经济形态后，这种低层次的城镇发展格局已经严重制约了产业发展和消费升级。必须打破产业和城市分散无序的粗放发展格局，整合土地空间资源，整合城市功能布局，推动城市高品质发展。

新区要建设滨海新城，应借鉴其他平台包括松山湖高新区的经验教训，审慎处理房地产与产业发展的关系。新区产城融合发展，应保障产业优先，严格控制房地产开发，防止出现房地产抑制产业发展局面。新区服务业应重点发展包括区域性总部经济、科技服务、创意设计、金融服务、信息技术服务、物流会展、商贸流通及专业服务等生产性服务业，构建产业服务体系；着力发展文化、旅游、体育、休闲、医疗养生等满足人的更高层次的现代生活服务业，构建良好的服务环境。

新区应突出文化引领。可重点借鉴新加坡湾区经验，以文旅为抓手推动产城人文融合发展。文化对提升城市形象意义重大，旅游是综合消费产业，不仅对促进各类消费有很强的带动效应，而且对城市升级也有很强的促进效应。开放不仅是经济的开放，更是文化的融合。文化作为上层建筑对经济发生反作用，其逻辑中介是人。文化通过塑造人、影响人的思想观念从而影响人的经济和社会行为。粤港澳大湾区各大城市的发展活力跟开放有着根本关联。其中，香港是中西文化融合的城市，深圳是移民文化城市，广州是开放性城市。尤其是深圳因为缺乏本土文化的主导，更具有开放兼容性，更有竞争性，也更有利于创新发展。新区的发展，应充分突出开放发展、文化兼容的特点，要重点依托威远岛发展文旅产业，满足文

化需求，发挥文化引领作用。并且文旅发展不要只局限于威远岛，应充分利用威远岛的影响力，以威远岛为中心，联合周边城市包括香港、澳门、珠海、广州共同发展，形成大湾区大文旅格局。如联合发展大珠江"水上游"旅游观光线，整合周边旅游资源，形成大旅游格局。这对新区集聚人气将产生重大影响，对整个粤港澳大湾区的旅游发展也将产生轰动效应。

（四）新区产业政策，应瞄准产业重点与企业痛点，系统设计、集中力量、灵活施策

不同的企业需要不同的发展要素。加工制造企业对综合成本尤其是产业配套更为重视，创新型经济和现代服务业对人才和市场更为敏感。现代产业体系更需要高品质环境提供要素支撑。新区周边前海、南沙、松山湖等地在财政资源、产业基础上具有较强优势，产业政策较为全面，产业政策实施力度也较大。未来随着政策杠杆及要素集聚效应的发酵，强者愈强的产业竞争格局趋势明显。对此，新区应着眼于自有产业基础及潜在优势，重点针对深圳和香港尤其是南山、前海缺乏发展空间和高成本的痛点，着力引进深圳高成长性科技企业。尤其是针对深圳的主导产业即信息产业和香港的现代服务业，对新一代信息技术与人工智能、现代服务业和文化创意产业等出台系统性支持措施。就产业政策中涉及的重大基础研究、重大研发平台、重点技术攻关、龙头企业（总部企业）落地、高端人才引入、配套支撑服务等整合财政（专项、财税）、政策（机制、配套等）、社会（金融、服务等）资源，重点设计系统完备、清晰可控的政策体系，为它们提供体系化、集中化、精准化的支持，以形成中坚产业的综合性竞争优势。

四 新区产业发展思路、发展策略及主要任务

未来粤港澳大湾区将形成若干核心都市圈。都市型经济和创新型经济将成为主流经济形态。新区致力于打造东莞城市副中心，应充分发挥区位核心优势，积极与港深都市圈尤其是前海、南山协同发展，与片区镇街、松山湖及市区联动发展，努力融入广深科技创新走廊建设，成为东莞融入大湾区发展的"门户"。新区产业政策的制定实施，应注重系统性、针对性和实效性，瞄准产业重点与企业痛点，精准招商、灵活施策、集中发力。

（一）发展思路

要全面贯彻落实习近平新时代中国特色社会主义思想，特别是习近平总书记重要讲话精神，贯彻落实党的十九大报告中关于构建现代化产业体系的重要精神，按照《粤港澳大湾区发展规划纲要》要求和东莞市委、市政府的战略部署，着力发挥区位、后发及比较优势，坚持"协同发展、集群发展、错位发展和集中发展"原则，围绕"实体、创新、金融和人才协同发展"构建产业政策体系，针对重点产业和优质企业需求，统筹整合土地、创新、金融、人才、公共服务等资源要素，解放思想、勇于创新、灵活施策，大胆先行先试、创新体制机制、创新发展新模式、创建具有综合竞争力的营商环境，推动新区产业发展融入大湾区和广深科技创新走廊，形成区域协同、片区联动、产城人文融合的高水平发展局面，全方位引领东莞未来发展。

（二）基本原则和发展策略

第一，紧盯港深产业溢出，实施协同发展。充分考虑市场的复杂性和变化性，不宜静态定位，而是要顺应产业发展的规律和区域发展趋势，把

握产业发展的大方向。考虑到东莞发展仍以外源驱动为主，且香港、深圳发展空间有限，亟须向外拓展转移的情况，新区产业发展应主动对接香港、深圳、广州，实施跟随协同发展战略；重点盯住深圳的高科技产业和香港、广州的现代服务业，进行错层发展、精准招商、灵活施策。

第二，突出龙头骨干企业的带动作用，实施集群发展。新一轮技术与产业革命，尤其是进入"万物互联"与"智能革命"新阶段，有望在一批战略性新兴产业中催生一批新龙头或"独角兽"企业。针对这类企业，应参照"倍增计划"模式，重点吸引、精准发力、灵活施策，使其形成龙头带动、集群发展效应。并以重点产业为导向，以龙头骨干企业为带动，以科技园为主要载体，以科技平台为依托，综合配置包括金融服务、技术服务、人才服务、生活配套服务等各类产业发展要素，引导大中小不同类型创新型企业在新区集聚集群发展。

第三，强化产城人文融合，实施错位发展。新区要建设滨海新城，务必做到产城人文融合发展，着力依托城市发展现代服务业，依托威远岛发展文化旅游及创意设计。珠三角是国内主要旅游市场，威远岛位置优越，在发展文化旅游和时尚创意产业方面有着天然优势，对推动东莞城市升级、旅游产业的发展、传统优势产业的升级将产生不可估量的价值。可以按照"人无我有、人有我优"策略，依托威远岛的地理优势，大力发展旅游经济，带动现代服务业发展。

第四，突出政策叠加配套，实施集中发展。新区目前尚处在规划起步阶段，各方面条件还不成熟。新区的政策制定要积极与东莞市政府对接，突出政策叠加效应，集中力量干大事。要统筹使用政策资金及政府可调动的土地空间、财政资金、公共服务等要素资源，撬动社会资本和资源，形成发展合力。同时，在把握大方向的基础上，可针对新一代信息技术与人工智能产业、现代服务业、文化旅游与时尚创意产业，制定各类专项政策，强化政策叠加及综合配套效应。

（三）实施六大产业工程

实施重点产企招引工程。围绕新区产业定位和产业链，集聚产业发展资源，培育产业生态，形成集群发展，抢占新一轮战略竞争制高点。重点引进龙头企业、"独角兽"企业和高成长性科技企业及相关配套企业入驻新区，对符合条件的企业安排专项资金，提供系统性扶持，包括企业落户奖励、企业贡献返补、人才引进奖励、空间扶持、财税减免等。同时，对符合新区产业定位的重点创新型企业，对其研发投入、人才引进、产学研合作、核心技术攻关（科研项目承担）等给予重点扶持，引导资金、技术、项目、人才等创新要素向企业集聚，培育区域高新技术企业。

实施平台载体聚合工程。重点发展"园中园"模式，推动各类科技创新、检验检测、产业服务、创业孵化、国际合作等平台建设。引导平台在创新要素集聚、创新服务提供、创新人才引聚、创新成果产出及转化等方面积极发挥载体功能，促进创新主体和创新资源深度融合，给予平台在建设投入、产学研合作（以及跨境合作）、人才引留、服务提供、运营发展等方面的奖励及补贴扶持。

实施服务体系构建工程。重点支持研发设计、技术转移、技术交易、创业孵化、科技投融资、知识产权、科技咨询、检测认证、创业服务、电子商务、物流等专业性或综合性的服务机构。积极培育发展服务新业态、新模式，发展全链条全方位的现代服务业体系；鼓励引进国内外知名优质服务机构尤其是深圳、香港专业服务载体落户新区，对其运营及服务给予各项支持。

实施科技金融工程。借鉴硅谷和深圳模式，积极对接香港和深圳的金融资本，强化金融资本对科技创新及产业发展的支撑作用。大力培育和发展创新型金融，引导境内外创投机构落户新区，引导各类创业资本与区域企业及创业项目深度合作，积极开展与香港、深圳（前海）资本载体的合作协同，积极构建新区科技金融服务体系，探索建立新区创投机构集聚区，给予金融机构落户、投资、发展等鼓励扶持及风险补贴，给予企业融资及贷款（贴息）相关支持。

实施特色人才集聚工程。围绕区域产业布局，大力推动高端人才引进计划，积极引入新一代信息技术、智能机器人（含人工智能）、创意文化、现代服务业等领域"高、精、尖"创新创业人才及海外高层次人才，依托省、市引才政策及区域人才载体，叠加配套支持，强化支持力度，拓宽引才渠道，柔性引才，灵活评测。

实施文旅发展引领工程。充分利用威远岛的影响力，以威远岛为中心，联合周边城市包括香港、澳门、珠海、广州，发展大珠江"水上游"旅游观光线，整合周边旅游资源，这对新区集聚人气将产生重大影响，对整个粤港澳大湾区的旅游发展也将产生轰动效应。同时可集中在威远岛布局建设高水平的滨海文化中心，集聚包括图书馆、美术馆、大剧院、会议中心、时尚大舞台和青少年宫等多类文化功能，并对海战博物馆进行内容升级（可拓展"一带—路"方面内容）。依托片区产业基础，巧妙利用威远岛地下废弃的防空洞资源，联手香港、深圳专业机构打造大湾区时尚创意总部基地和创意设计平台，支持港澳台文化创意人才创新创业，营造现代都市休闲生活圈，使其成为大湾区的文化与时尚创意中心，确立新区在大湾区的文化与创意方面的重要地位，引领东莞文化发展。

（四）重点构建"1+1+N"产业政策体系

新区应围绕产业发展重点方向，立足东莞市现有产业政策，借鉴周边平台尤其是前海、南沙经验，制定"1+1+N"产业政策体系，即1项产业发展实施意见、1项专项资金管理办法和N项实施细则。发挥财政资金在创新引领、产业激励等方面的杠杆作用，结合省、市乃至国家政策及财政支持，形成叠加效应，系统性推动各项重大工程实施。

第一，制定促进产业发展实施意见、专项资金管理办法、实施细则和产业发展目录。参照东莞市产业政策，制定《关于促进滨海湾新区产业发展的实施意见》和《滨海湾新区产业发展专项资金管理办法》，实施重点产业培育（企业引培）、现代服务体系构建、科技金融、特色人才引进和文化发展引领工程。借鉴前海经验，针对新区拟发展的鼓励类产业，编制产业发展目录（鼓励类）。重点发展新一代信息技术产业、现代服务业和海洋经济。针对鼓励类产业，参考前海等地做法，积极争取东莞市政府给予政策扶持。

第二，针对新一代信息技术、互联网及人工智能产业制定专项政策。参照深圳经验，在新区设立产业发展专项资金，制定专项实施政策。专项资金主要用于新区在新一代信息技术、人工智能领域的重大项目引入、关键技术开发、高端人才引进、研发平台建设、优质成果转化与孵化、产业应用与示范及信息服务、科技服务和科技园区等方面。重点支持集成电路、物联网、云计算与大数据等行业关键技术攻关及产业化，包括存储芯片、深度学习智能芯片、物联网微功耗芯片（模组）、高准确度人脸识别系统、高灵敏度语音识别系统、高端智能机器人、大数据应用（在金融、物流、医疗、交通、教育等领域）等，集中力量突破一批关键共性技术，引入一批高端人才，发展一批行业细分领域领军企业，形成区域新一代信息技术及人工智能产业集群。在支持方式上，可采取直接资助、股权资助、贷款贴息等多种方式。

第三，针对总部经济、园区重大平台、"独角兽"企业、快速成长类优质企业制定专项政策。参照东莞"倍增计划"做法及南沙经验，制定专项政策，设立优质企业专项扶持资金，重点支持总部经济、园区重大平台、"独角兽"企业、快速成长类优质企业发展。其中，总部经济方面，考虑新区跟香港、前海、南沙乃至松山湖比，发展总部经济缺乏综合优势。可实施差异联动发展策略，充分利用新区与香港、深圳邻近的优势，发展区域性总部经济。新区可重点与前海紧密合作，形成以政府间合作为导向，由新区提供土地资源，与前海控股公司进行资本合作，联合打造滨海湾前海合作产业园，引导前海企业在新区落地，构建"前虚后实、前总后分"的关系。前海作为总部所在地，新区作为公司运营空间所在地。同时，考虑滨海片区的虎门、长安、厚街经济实力雄厚，相当一部分企业都希望在新区建立总部，提高公司品牌形象，新区应为片区服务，打造区域性的总部经济。另外，东莞有很多外资企业，这些企业需要向海外发展，而新区的目的是要打造对外贸易窗口，很容易吸引这些外资企业在新区形成集聚。"独角兽"企业指的是那些发展速度极快、颠覆性创新能力极强的稀缺性创新型企业，通常估值在 10 亿美元以上。我国已把培育"四新"经济的"独角兽"企业提到战略发展的高度。新区也应积极顺应这个发展趋势，高度重视"独角兽"企业和新技术、新模式、新业态、新产业等方面优质企业的发展。要加大对优质企业和具有较大潜在空间的"独角兽"企业、准"独角兽"企业及高成长性优质企业的扶持力度，遴选挖掘一批市场竞争能力和自主创新能力强、商业模式独特、在细分行业处于"隐形冠军"地位的"独角兽"或准"独角兽"企业和高成长性优质企业，实行"一企一策"贴身服务，在财政补贴、税收返还、企业研发投入、研发机构建设、创新人才引进培养、科技成果转化、知识产权保护、市场开拓、资本运营、上市融资等方面给予重点扶持，推动企业实现爆发式增长。

第四，针对现代服务业制定普惠性专项政策。现代服务业涉及的行业非常广泛，应重点针对科技服务、信息服务、健康产业、会展服务、电子商务、高端物流、投融资服务及高端咨询等服务行业，针对这些企业的关键需求制定相关扶持政策，为区域现代服务业发展及高端创新要素集聚提供保障。专项资金主要用于发展新区现代服务业，支撑区域现代化产业体系构建。可通过奖励、补贴和配套方式，重点支持引进现代服务业优质项目落户新区，支持企业创新经营模式、开拓市场、人才引进及培育，支持创建现代服务业产业园或孵化器等。

第五，针对文化旅游与创意设计发展制定专项政策。威远岛的发展应立足历史文化资源和片区特色产业发展需求，加强与大湾区先进城市合作，广泛集聚整合各类文化创意资源要素，打造集历史文化、旅游服务（旅游会展)、体育休闲、现代艺术、商务活动与时尚创意等功能于一体的文旅岛和文创岛,打造新区文化品牌,实现错位发展。可制定专项发展规划和扶持政策,重点要突出对文旅品牌的打造和创意设计平台及人才的招引。

第六,针对产业人才需求制定专项特色人才政策。人才是发展之本。新区建设尤其要高度重视吸引人才。以人才战略推动产业发展,以人才竞争赢得产业竞争。应重视发挥人才机构的中介与服务作用,创新构建政府与人才服务机构的合作模式和合作机制,为新区发展提供强有力的人才支撑。可参照珠海、南沙、东莞等地人才专项政策,制定新区人才专项政策,推动人才工程实施,围绕新区重点产业(规划)需求,精准引才、靶向引才。其中,要重点针对粤港澳合作,依托专业人才中介机构,大力吸引香港青年人才到新区创新创业。考虑到东莞市人才政策已比较全面,前期阶段人才政策的实施可重点参考松山湖高新区的做法,以叠加配套和人才服务为主。

五 对新区产业发展政策措施的建议

建设滨海新城是一个复杂的系统工程。不同于松山湖"一张白纸描绘蓝图",也不同于水乡功能区统筹协调模式,建设滨海新城面临着新区与旧区、新区与片区、新区与湾区三个层次非常复杂的关系。片区统筹方面,镇街长期各自为政,统筹协调发展难度可想而知。湾区协同方面,涉及不同体制机制,既有合作,也有竞争,同样不容易。

新区产业发展,重点应围绕营商环境做文章,在不具备硬环境的情况下,应突出机制创新、综合服务、招商引资和文化引领等软实力建设。尤其要积极构建新区与片区全方位的统筹发展机制,形成"共建共治共享"机制,保障新区建设发展的稳定性及可持续性。应根据发展规划,分类型、分阶段、分步骤实施各项政策,针对资金管理制定实施办法及实施细则，建立政策统一兑现机制，构建内部各部门、外部专家和专业机构集中评审的工作机制，进一步提升扶持政策兑现的专业性、科学性、准确性，应统筹做好政策体系的制定，统筹做好产业发展资金的保障。

（一）注重体制机制创新，推动"共建共治共享"协同发展

新区要在全面深化体制机制改革上走在前列，探索体制机制创新，尤其要着力探索创新"共建共治共享"机制，推动新区与湾区协同、新区与片区统筹发展、新区内部和谐发展新格局。

首先，在湾区协同方面，要抓住大湾区建设的战略机遇，争取外部力量支持。重点要争取省、市乃至国家给予政策支持，要巧妙利用区位优势，紧跟香港、深圳、广州的发展，形成最有利的外部环境。重点是要抓住粤港澳大湾区紧密合作机遇和深圳亟须拓展空间的需求，加强莞港、莞深合作，构建以政府间合作为导向、以资本为纽带的市场化合作机制。其中，新区与前海的合作，新区可以土地作价出资，前海以其下属控股公司为主体出资，同时引入社会资本，共同开发建设前海滨海湾产业合作示范区，为前海资本与企业拓展发展空间。莞港合作，应抓住香港向创新型经济转型的机会，积极对接国外科技力量，联合港深莞多方力量，共同建设以新一代信息技术与智能产业为重点方向的创新平台。抓住南沙港口发展需求，充分利用南沙自贸区政策优势，联合做大做强港口物流、跨境电商。

其次，在片区统筹方面，重点要创新构建新区与片区全方位的统筹发展体制机制，包括行政、规划、产业、投资、公共服务等一系列统筹发展机制。新区开发建设，收益最多的是长安和虎门，因此要充分调动虎门、长安这两大镇街全方位支持新区建设，不仅从行政上进行协调，更要在利益机制上使其愿意并积极参与新区建设。同时，新区产业发展，要着力处理好新区与社区的利益关系，尤其涉及威远岛、沙角半岛区块，要着力构建"共建共治共享"机制。在实际操作上，可以通过设立股份制公司，让社区以土地入股的方式参与威远岛项目开发，并吸收社区负责人作为公司

董事参与公司治理，让村民参与项目建设以获取长远利益。

最后，在政府与市场合作方面，在东莞市政府财政日益紧张的形势下，新区的开发建设必须要充分发挥财政资金的撬动引领效应，引导市场加大对新区开发建设的热情，不仅在新区建设方面要引导社会资本积极参与，更要在产业发展方面充分利用产业龙头与科技园区运营商直接对接企业、服务企业的作用，实现以龙头与平台引领产业集群发展的效果。此外，要重点通过政策引领，聚集或培养一批真正有影响力、有实力的专业服务机构和中介组织，包括咨询服务、信息服务、科技服务、市场中介、法律服务、会计服务等，通过发挥这些机构直接服务企业的优势，为企业提供各类专业服务。

（二）注重开发时序与节奏，推动产城人文融合共振发展

建议按照"先环境后发展、先文化后经济、先产业后服务、先两端后中间"的次序推进。具体来说，首先，新区发展在做好科学规划设计的基础上，先做好基础设施和硬环境的开发建设，以公共交通和公共服务为导向，为产业发展营造良好的环境，强化环境支撑作用；其次，可重点依托威远岛历史文化影响力，通过重点打造海上丝绸之路文旅博览会，集聚文旅全要素资源，打造文旅岛，并以文旅带动时尚创意设计、休闲服务、健康养生等新业态的发展，在粤港澳大湾区协同中形成自身独特的核心价值和集聚效应；再次，通过重点支持紫光芯云、VIVO 等一批新一代信息技术龙头企业，并重点联合香港资本、深圳前海控股以资本合作方式打造若干大型科技产业园，带动片区率先发展，初步形成龙头效应；最后，在打响威远岛"第一炮"并形成人气效应后，以威远岛和交椅湾为依托，发挥公共交通和公共服务导向效应，重点开发沙角片区的城市中心商务功能，发展以现代服务业为重点的城市型经济。

（三）注重打造综合服务平台，提供全方位"一站式"服务

新区开发建设之初，在硬环境尚不具备、软环境仍然欠缺的情况下，

要提高新区吸引力，关键在于服务。新区综合服务中心既要整合政府力量，更要集聚市场力量，形成互动共生局面。整合政府力量，不仅要统筹利用新区内部政务资源，并与周边虎门、长安形成互动，与东莞市政府各部门形成对接，也要积极与港澳、深圳（尤其是前海）、广州南沙对接；利用市场力量，重点引入包括金融服务、工商服务、人才服务、专业技术、商务服务等各类专业服务机构和专业社会组织进入新区，为新区提供全方位的政务服务与专业服务。在具体操作上，可以以新区展览馆为中心，围绕展览馆，集中布局综合服务机构和功能场所，在展览馆展示新区未来蓝图，从而吸引庞大的参观人群。这些人都是新区的关注者，其中相当一部分很可能成为新区的潜在投资者、就业人员或消费者，因此要进一步引导这些人了解新区政策，认识新区价值，积极投入新区建设或者成为新区的传播者。同时，要重点打造智慧政务服务平台，提高政务服务水平。

（四）注重发展"园中园"与众创空间，营造创新创业氛围

针对现代服务和文化创意产业的发展，应着力通过打造创客空间，建设一批众创、众包、众扶、众筹平台，聚集一批创客空间、创客社区、创客联盟、创客基地，通过实施集群注册登记模式，集聚各种资源要素，吸引一大批包括互联网+、创意设计、文化教育等各类创客进驻，并有针对性地满足其办公活动、小额贷款、风险投资、政策辅导等各类要素支持，形成多层次的创新创业平台，为青年创业者提供创业沃土。可立足东莞市相关政策，重点针对众创空间和中小微创新型企业专门出台扶持政策，推动新区创新创业。

（五）注重统筹片区资源，提高区域招商引资水平

招商引资是一项专业性很强的工作，必须整体策划，系统运作，才能不断提高质量和效益。目前，东莞正强化全市和片区统筹招商工作，接下

来将重点针对重大项目、人工智能等制定招商引资优惠政策。新区建设之初，招商工作极其重要。应抓住全市高度重视招商引资的机遇，充分利用后发优势和片区力量，整合打造一支懂政策、懂市场、有格局、能说会道的专业队伍；同时加强对招商对象的研究，针对不同的招商对象，制定不同的招商方案。紧盯新区重点产业企业集聚区域，尤其是香港的现代服务业、深圳的高技术企业，围绕新区战略定位和"建链""补链""强链"思路，明确招商引资的定位和目标；制定科学的招商引资标准和筛选评估，避免"一刀切"简单做法；构建跟踪服务管理工作机制，为重点项目进行全方位的跟踪服务；建立项目利益分成机制，促进市镇、园镇和园区之间联合招商，实现资源整合共赢局面；构建招商引资市场化机制，充分发挥各类市场主体力量。

（六）注重融入大湾区，引领东莞开放新格局

开放型经济是东莞最明显的优势、最根本的特质。新区应充分发挥东莞开放型经济先行优势，承担对外发展窗口职能，积极争取复制推广自贸区改革试点经验设立自由港，对接港澳资源，融入港澳元素，加强与深圳尤其是与前海的合作，形成联动发展格局。同时，要依托广东21世纪海上丝绸之路国际博览会，加快拓展"一带一路"产业发展新空间，重点打造对外综合服务平台，深化拓展与"一带一路"沿线国家和地区在贸易、投资、产业、金融、科技、文化等领域的全面交流合作，延伸东莞发展空间，争当"一带一路"建设的排头兵。时机成熟时，可考虑依托威远岛举办"一带一路"国际文化旅游博览会，与中国海洋经济博览会一并开展，不断提升新区的国际影响力。借鉴广州珠江夜游项目模式，积极推动以威远岛为中心，连接周边旅游资源，发展"珠江风情游"项目，提升新区在粤港澳大湾区中的文旅影响力。

国内园区开发模式及滨海湾实施策略[*]

　　园区开发建设模式，一般是指根据园区发展定位、产业定位等因素，采用政府（或企业、或政企合作）主导的方式，开展园区的机构组建、土地一二级开发、基础设施建设、招商引资、公共配套等全生命周期建设运营。从狭义上说，就是由谁来主导园区的土地一二级开发、开展公基建等项目建设。从广义上说，包括开发模式、治理模式、投融资模式、土地整备模式、产业发展模式、区域联动发展模式等。本文拟从广义上对滨海湾新区（以下简称"新区"）开发建设模式进行研究，分析新区当前面临的发展困境，同时借鉴国内园区的经验做法，提出相关工作建议。在开发模式上，可借鉴南京高新区"政企（园区国企）合作"模式，管委会主导，抓好宏观统筹，当好"有为政府"；园区国有企业全面履行开发建设主体责任，双方耦合打造"有为政府+市场化导向"新发展动能。在治理模式上，短期维持现状，中期采用"托管"，远期成立行政区。在基建投融资模式上，可探索推广 ABO 模式^①，授权新区控股公司作为建设主体。在土地整备和城市更新模式上，可采用"党建+"方式，压实社区两委干部属

＊　本文为 2021 年东莞市滨海湾新区管委会委托课题，胡青善为课题负责人，与尹杰洪等共同完成。

①　ABO 模式是一种政府与企业之间的合作模式，其中政府授权企业负责特定项目的投融资、建设和运营。

地责任，用足用好新区城市更新 10 条政策，加快项目推进进度。在产业发展模式上，可考虑"复合型产业发展模式"，招引龙头企业，带动上中下游企业集聚发展。在创新区域联动发展模式上，可参考长三角一体化联动发展做法，探索与深圳等城市建立区域合作"理事会+执委会+开发机构"运作模式。

一　滨海湾新区发展的主要困惑

第一，周边平台竞争激烈，新区新一轮发展优势在何方？最近，国家印发了横琴、前海两个合作区方案，香港特区政府也提出要建设"北部都会区"，构建"双城三圈"的战略空间格局。其中，深圳湾优质发展圈涵盖了前海合作区，范围已经划到茅洲河，到了新区家门口。新区的政策条件、政务环境、综合环境，与之相比存在明显差距，再经过香港、深圳两道"大坝"限流和过滤，必将影响流入东莞的资源的品质和数量。此外，大湾区"3+6"发展平台各显神通、竞争激烈，深中通道将于 2024 年竣工通车，这将给新区新一轮高质量发展带来不小挑战。在未来 2~3 年的窗口期，新区要如何抢抓机遇，谋帽子、做环境、减差距。新区等不起，也等不及。

第二，开发建设模式模糊，政府主导与企业主导的平衡点在哪里？政府主导，一般由政府做好公共基础设施建设（简称"公基建"）配套，建立园区空间载体，然后引导相关企业进驻松山湖生产力大厦、留学人员创业园、滨海湾湾区 1 号等。企业主导，一般由国有企业通过特定方式（如土地招拍挂）取得园区开发建设权，并发挥企业资源优势，通过出租、出让等方式引导上下游企业进驻，形成宜业宜居的产业发展平台。如招商局集团运营深圳蛇口、前期粤海集团运营粤海装备技术产业园（银瓶合作创新区前身）等。实践证明，纯政府主导，园区发展缺乏活力，制约了市场在资源配置中起决定性作用。纯企业主导，政府缺乏主动权，园区发展与企业捆绑，容易导致一荣俱荣、一损俱损的局面。因此，新区管委会需要进一步明确自身定位，是政府建园区，还是卖地给企业建园区？是政府建立产业目录招商，还是由市场自行配置？到底是做裁判员，还是做运动员？需要尽快找到平衡点。

第三，园区定位模糊，到底是走功能区还是走行政区路线？功能区和行政区，是园区发展的两大方向，两者的核心区别在于是否承当社会管理职能。作为功能区，以东莞水乡功能区管委会为例，主要是通过市级授权，做好发展规划、区域开发、产业发展、重大项目建设、政务服务效能等方面的统筹工作。作为行政区，在功能区的基础上，做好教育、医疗、文体、卫生、社区等社会服务工作，要投入大量的人力物力在社会管理上，在一定程度上会弱化对经济领域的资源投入。具体到新区，假如不承担社会职能，新区将在土地整备、城市更新、教育医疗等方面缺乏抓手。假如要承担社会职能，新区会分散发展经济力量，也需要处理好新区与虎门、长安之间的关系。

第四，土地拓展空间难度大，如何尽快发力破局？滨海湾现建成区约21.3平方公里，占规划建设用地的50%。现建成区厂、村、城混杂，功能结构不合理，城市开发建设方式粗放，城市环境质量不高，绝大部分需拆除重建，亟须推动连片城市更新。

第五，新区财政收入有限，基础设施投融资模式如何创新？在财政收支方面，新区处于大开发大建设阶段，土地整备、基础设施建设资金支出巨大，2022～2024年资金平衡压力巨大。在创新投融资模式方面，核心问题是投入与回报产出的滞后性，公基建项目强调公益性，缺乏经营性，制约了社会资本参与的主动性。当前，政府和社会资本合作（PPP）模式及专项债券的适用范围有限；信托、融资租赁等额度偏小、成本较高，难以独立支撑片区整体开发；产业（股权）基金，多用于投向支持产业项目，偏向于二级开发。新区控股公司仍在起步阶段，企业资质、经营业绩、现金流和信用评级仍没有上来，融资能力有限。

二 国内主要园区开发建设模式梳理

从广义层面看，可以分为园区开发运营模式、园区治理模式、基础设施投融资模式、土地整备及城市更新模式、产业发展模式等，梳理如下。

（一）园区开发运营模式

从政府与市场的不同组合模式，可以分为政府主导、企业主导、政企合作三种模式。

1. 政府主导模式

这种模式由政府统一规划出资和营运。国内园区基本都采取这种开发模式，管委会兼具管理者与开发商的双重功能，两块牌子一套班子，如上海青浦工业园区、广州开发区、东莞松山湖高新区都采取这种开发模式。这一开发模式具备集中统一、权威性高、规划性强、办事效率高的特点，在开发初期管理者的能动作用较大。但也有缺乏灵活性和创造性、活力不够的缺点，容易导致机构膨胀、政企不分。以松山湖高新区为例，松山湖高新区管委会作为东莞市政府派出机构，全面统筹松山湖高新区规划及运营，松山湖高新区拥有散裂中子源、南方先进光源、阿秒激光等大科学装置，引入华为终端、华贝电子、歌尔智能等一大批具有行业突出影响力的企业。截至 2020 年底，松山湖高新区累计投入 534 亿元，2021 年园区 GDP 达 662 亿元，排名全市镇街（园区）前列，全国高新区排名第 21 位。①

2. 企业主导模式

不改变原行政管理体制，委托企业进行园区开发管理，如上海漕河泾

---

① 数据来自东莞市统计局统计年报。

的法定授权公司化运作、深圳前海"法定机构+央企"运作、无锡新加坡工业园合资公司运作。这一开发模式适用于功能定位比较单一的小规模开发，但难以适应跨行政区划的综合开发要求。如蛇口，1979年由招商局集团主持建设了中国第一个外向型、开放型、改革型工业区，蛇口工业区充分运用中央赋予的自主权，大胆突破，大刀阔斧地开展以市场为导向的经济体制改革，并取得了巨大成功。又如上海漕河泾开发总公司（上海临港集团前身），1984年成立，规划面积14.28平方公里的漕河泾开发区，采用的是法定公司制（人大立法+政府管理+公司运作）的独特操盘与管理模式，也就是由漕河泾开发总公司进行开发运营。不设管委会、市场化运作、公司制经营，漕河泾开发总公司的不同业务部门对接当地政府的不同管理部门，具有鲜明发展特色。这种高度市场化的模式，让漕河泾开发总公司得以全身心投入到科技园区的开发运营当中，是为数不多的在产业和地产两个方面都表现出色，相当有竞争力的产业地产开发运营管理模式。

3. 政企合作模式

管委会只负责全面宏观统筹，园区下属国企（或者其他企事业组织）具体承担园区开发建设。比如，南京高新区玄武园于2020年3月推行"小管委会+大平台模式"新一轮改革，理顺了管委会和国资公司之间的关系。一是聚焦主业，赋能园区。赋予高新区全部的经济管理权限，加强市、区经济管理权力下放；赋予高新区管委会委托监管玄武高新集团职能，支持高新集团做大做强。二是政企分开，委企联动。坚持"小管委会、大平台"的改革方向，管委会负责统筹抓总，下设6个部门，总员额不超过30人，确保最大限度减员增效；高新集团下设6个中心，全面承接高新区各项重点指标、项目建设和经济发展工作。三是打破身份，释放活力。打破行政、事业、企业等身份界限，实行全员聘用制，被聘用的公务员与事业编人员，保留身份与职级，工资档案进行封存；打破"资历"框架，大幅降低竞岗门槛，激励全区的年轻干部、业务骨干在高新区平台展现才华。四是强化考核，注重实绩。建立以实绩为导向的差异化薪酬激励机制，构建标准更高、考核更严的指标体系，充分调动高新区每个人的积极性、创造性。此外，大学科技园也属于此类型，通常采用政府引导或出资，由相关大学进行日常管理和运作。2021 年以来，国内认定的北京大学科技园、清华大学科技园、北京航空航天大学科技园等 11 批 140 家国家大学科技园大多属于此类。

表 1　园区开发模式的优劣势比较

	优势	劣势
政府主导型	1. 具备集中统一、权威性高、规划性强、办事效率高的特点，在开发初期管理者的能动作用较大。 2. 政府便于协调各方关系，主导园区土地开发建设所受阻力小于企业。 3. 园区可以利用国有控股集团的财力和资源集中进行开发建设。	1. 政府与市场信息不对称，条条框框约束多，缺乏灵活性和创造性、活力不够。 2. 政府主导园区开发建设，易滋生腐败和寻租等行为。
企业主导型	1. 解决政府开发园区资金不足的问题，并降低政府开发建设的风险。 2. 园区开发引入企业机制，凭借技术和管理优势，可改善开发建设的管理体制，有利于提高园区开发效率。 3. 可平衡政府和市场的信息不对称，完善产业园或园中园的整体配套，有利于园区后期招商。	1. 对企业的资金实力要求高，其运营风险较大。 2. 企业以追求利润最大化为目的，对智慧城市、公基建、政务服务等的长远谋划不足。 3. 对公益性项目投入缺乏前瞻性和主动性。
政企合作型	1. 政企合作型开发模式权责明确，且包含多方利益主体，有利于园区开发建设的推进。 2. 政企合作有利于吸引多元投资主体，可缓解政府的财政压力，便于实施综合性、大规模成片开发。	政府和企业在投资、经营决策以及收益分配等方面不完全一致容易产生管理分歧，导致开发建设进程受阻。

（二）园区治理模式

从行政管辖和治理的维度，可以分为管委会托管型、区政合一型、独立行政区型三种类型。

1. 管委会托管型

"管委会托管"是按有关程序将管辖的相关行政区部分或整体，委托指定的政府派出机构（开发区管委会）进行管理。开发区管委会全面统筹托管区域的人、财、物、事，并承担起经济发展和社会管理事务。从具体实践看，分为两种类型。改变原行政架构式托管，如中山翠亨新区、火炬开发区通过行政区域调整，实现园区统筹街道。保留原行政架构式托管，如武汉东湖高新区托管洪山区和江夏区，均不改变原有行政架构。主要特点：管委会托管型是园区管理常用模式，可以不用改变区（镇）行政区域，区（镇）政府及群众阻力小，且在市级事权内，由市或区（镇）委托管委会管理，向省备案即可。

2. 区政合一型

"区政合一"是指开发区与所在行政区或邻近行政区合一，采取"一套班子，两块牌子"模式运作，实现开发区职能和行政区职能的整合，破解区政（镇）"两张皮"难题，提升行政效率。武汉经开区与汉南区、南沙经开区与南沙区、广州经开区与黄埔区也实现了"区政合一"。主要特点：有效解决开发区行政主体缺失的问题，破解区政（镇）"两张皮"难题，实现开发区职能和行政区职能的整合。

3. 独立行政区型

独立行政区模式，是指开发区（功能区）向国家或省申请新设独立行政区，是区政合一型的高级形式。如广州南沙新区、深圳龙华新区、深圳光明新区等，均由国务院审批通过，从开发区转为行政区。主要特点：名正言顺，彻底解决了"合体制性""合法"的问题。

（三）基础设施投融资模式

从项目投融资的维度，可以分为 PPP 模式、专项债模式等多种类型。前期，BT 模式，土地补偿模式，利润分成模式（如松山湖园区与光大集团合作），融资+设计-采购-施工总承包（F+EPC），设计、采购、施工及运营一体化（EPC+O）等模式在园区开发中起过重要的推动作用，但随着国家对政府债务及管理的完善，上述模式很难延续。当前国内园区开发主流的投融资模式，主要有政府和社会资本合作（PPP）模式、专项债模式、片区综合授权开发模式等。

1. 政府和社会资本合作（PPP）模式

PPP 模式是指政府（Public）与私人（Private）之间，基于提供产品和服务出发点，在基础设施及公共服务领域，达成特许权协议，形成"利益共享、风险共担、全程合作"的伙伴合作关系。通常该模式由社会资本承担设计、建设、运营、维护基础设施的大部分工作，并通过"使用者付费"及必要的"政府付费"获得合理投资回报。政府部门负责基础设施及公共服务价格和质量监管，以保证公共利益最大化。优点：政府的财政支出更少，企业的投资风险更轻。不足：财政承受论证方面，受限于"一般公共预算10%红线"规定，无法通过财政承受能力论证或可能会过度挤压财政承受空间。项目要求方面，项目同时包含公益性、准公益性以及经营性项目的，使用者付费比例不得低于10%。项目回报机制，新签约项目不得从政府性基金预算、国有资本经营预算安排 PPP 项目运营补贴支出。

2. 专项债模式

专项债券是政府债券的一种，指为了筹集资金建设某专项具体工程而发行的债券，需要由财政部或省、自治区、直辖市政府发行。建设内容包括市政道路、综合管廊、标准厂房、停车场、学校、医院等基建项目，收益来源包括物业管理费收入、厂房和商铺租赁费收入、广告收入、停车位收入、公共服务设施收入和土地出让金收入等。优点：利息低，低于银行贷款、PPP 等融资成本。不足：具有不确定性、不持续性，不能保证每年都能申请。而且每年申请的额度必须当年用完，项目建设压力大。

3. 片区综合授权开发模式

地方政府以直接签署协议方式授权相关国有企业作为项目业主，由其独立或与第三方合作向政府方提供项目的投融资、建设及运营服务。政府方将区域开发增量收益进行封闭运作,并以增量财政收益平衡项目业主的前期投入。从具体形式看,包括授权建设运营开发(ABO)、股权合作+EPC、基金认购+EPC、增量资产综合平衡、单元开发+土地附带公基建等模式。优点:可以在一定程度上调控这类项目的"市场失灵",打破公私合作模式中存在的"公"主体追求公益性与"私"主体逐利性的固有矛盾。不足:缺乏法律依据,实践中有少量探索性案例,但认可度不一,在现行法律政策体系下,存在合法合规瑕疵,而且有一定地域限制。

(四) 土地整备及城市更新模式

1. 土地共建:前海模式

近年来,为了推动前海新一轮高质量发展,前海联合招商局集团开展一系列土地整备。招商局集团将旗下 19 家公司(包括控股、参股企业)在前海持有的仓储物流、港口用地共 2.91 平方公里,纳入政府主导的土地整备范围。前海在土地收储、出让、权益注入企业等方面开展颠覆性创新,高效推动土地整备,核心做法如下:一是收储土地的补偿款不做实质性划转。二是土地变更用途后不经招拍挂的公开出让程序,直接按等价置换方式确权给原持有土地的招商集团下属企业,不需计提和补缴地价款。三是深圳市前海管理局以应收的土地增值收益 60% 等权益收回的变更用途后的土地,直接注入前海投资控股公司下属公司。主要优点:一是通过市场化机制达成了深圳市前海管理局与招商局集团土地开发的"增值收益共享机制";二是企业化运作提升项目管理和经营效率;三是可利用招商局集团的产业资源、社会资源等优势,容易导入上下企业形成产业链,从而带动周边区域乃至整个新区的发展。

2. 土地整备:光明新区模式

2017 年,为了尽快推动光明科学城启动区项目,光明区委、区政府依法行政,强化党建引领作用,建立"党建+土整""廉政+土整"模式,在80 天的时间里,推进完成权属核查、谈判签约、腾空交房、清拆清场、土地移交等一系列工作，基本完成启动区 1.8 平方公里的土地整备，其关键之处就在于真真正正举"全区之力"，环保、税务、公安、法制等单位整体作战，全区干部下沉征拆一线，将依法行政与征拆相结合。在具体实操上，提升执法力度，一揽子处理历史遗留违法建筑；采取定点攻坚模式，将攻坚任务分解到点、责任到人；建立快速决策机制，确保项目疑难个案问题不过夜；等等。概括起来，就是"四个一"的工作方法，即：一面旗帜，是党建引领；一线突破，是工作办法；一把尺子，是规范公正透明；一种精神，就是用结果导向来抓落实。

3. 增值共享：顺德模式

近年来，佛山顺德"村改"频频登上新闻头条。"村改"是顺德高质量发展大棋中的关键一子，"一子落，满盘活"，有力撬动了产业、城乡、生态、公共服务和基层治理等领域高质量发展。顺德大胆实践，探索出企业长租自管、政府统租统管、直接征收开发、政府挂账收储、企业自主改造、生态复垦复绿六种改造模式，有效解决土地权属复杂、各方利益平衡等难题。其中，顺德利益共享机制有较大的借鉴意义。

（五）产业发展模式

1. 优势企业主导型产业发展模式

所谓优势企业是指该企业拥有利于其成长与发展或竞争制胜的独特因素，如科研力量雄厚、人才储备充分、生产设备先进、管理机制科学合理等。优势企业主导型产业发展模式的优点是产业集聚功能强、竞争优势显著、产业链体制完善、容易形成规模经济。其缺点是一旦优势企业出现问题，整个园区经济的运行都会受到很大牵制。例如，近年来，松山湖高新区崛起是因为引入华为公司，长安镇的繁荣离不开"步步高系"，它们都是依托这个模式发展起来的。

2. 中小企业集聚型产业发展模式

浙江民营经济绝大部分是中小企业，形成了以中小企业为主体的市场主导型发展模式。大量中小企业的存在以及它们之间的网络关系，是产业集群发展的客观条件，也是产业集群核心竞争力优势的来源。它们之间相互协助又竞争的网络关系是它们与规模较大的同类企业竞争的基础。一方面，通过网络联系，它们克服了因企业规模小而在市场上获得资金、技术与市场份额方面遇到的困难。另一方面，大量中小企业在分工与合作的基础上，可以产生巨大的潜能。其缺点是产业链不够完整，难以形成规模经济。

3. 复合型产业发展模式

其介于优势企业主导型产业发展模式和中小企业集聚型产业发展模式之间，规模可大可小。既有优势企业主导型产业发展模式的优点，也有中小企业集聚型产业发展模式的优势。国内的一般城市都属于复合型产业发展模式，由若干产业龙头带动上下游产业链聚集，形成产业集群发展效应，提升城市的产业标签和竞争力。例如，被形容为"最大黑马城市"的合肥，通过国资领投、委托招商等方式，常年外派 200～300 支招商小分队，并专门聘请 100 多位企业家作为招商顾问，遵循"缺什么就补什么"的原则，进而"无中生有"，再花大力气引入京东方、晶合晶圆、康宁玻璃、蔚来汽车等一批龙头项目，最后形成显示器件、集成电路、人工智能三个国家战略性新兴产业集群，实现"小题大做"，势头为全国所瞩目。

三 工作建议

（一）创新园区开发运营和治理模式，把准前进方向，推动新区新一轮高质量发展

园区开发运营和治理模式是园区运营的最顶层设计，决定着园区举什么旗、走什么路。经初步调研，在园区开发模式上，可借鉴南京高新区

"政企（园区国企）合作"模式，即管委会主导，抓好宏观统筹，当好"有为政府"；园区国有企业全面履行开发建设主体责任，双方耦合打造"有为政府+市场化导向"新发展动能。一方面，授权新区国有控股平台作为新区开发建设主体和规划落地执行单位，开展土地开发、基础设施建设和重大项目投资等工作。另一方面，推动新区平台公司向实体化、市场化、集团化转型，强化与其他国有资本、社会资本合作，提升资本运作水平，支持新区全面高质量开发建设。在治理模式上，根据"三定"方案，新区需要承担经济和社会管理职能，目前已设置了21个部门，相关机构配置基本与松山湖持平，社会管理机构基本到位。具体到治理模式上，目前新区仍处于开发建设初期，经济及社会效应仍未彰显，而虎门、长安都是经济强镇。为此，短期，建议新区维持管理现状，强化与虎门、长安的沟通协调。同时，积极争创更高能级平台，加快承接市级事权，打造东莞政策高地。中期，建议参考武汉东湖高新区模式，由新区全面托管交椅湾、沙角半岛、威远岛三个板块，全面负责经济及社会管理事务。远期，可参考中山翠亨新区做法，把虎门镇调整为虎门街道，新区统筹管理虎门街道，并托管长安镇交椅湾板块。或者，参考深圳光明区做法，直接推动滨海湾新区转为行政区。

（二）创新基建设施投融资模式，梳理现有融资资源，多元拓展投融资渠道

要以"财政撬动、社会联动、资金滚动"为主线，以投融资改革为突破点和着力点，积极引入社会资本参与新区建设。一是摸清家底。一方面，建立系统的土地开发台账和制订科学的基建计划，明确土地出让时序和统筹基建投资安排，推动土地供应的产出价值与基础设施建设投入挂钩，为财政持续滚动提供支持。另一方面，盘点可投融资资源。摸底新区财政资金、土地资源、国企资源、经营收入权（如加油加气充电站、公共停车场）等投融资资源，强化与央企国企社会资本合作投入匹配，开展多

元融资组合创新。二是创新模式。要因地制宜地综合运用多种投融资模式。比如，水环境治理项目可考虑"EPC+O"模式，公基建项目可考虑"单元开发+土地附带公基建"模式，大公益、小经营项目可以考虑"ABO"（含股权合作+EPC、基金认购+EPC）模式、"增量资产综合平衡+金融机构贷款"模式。三是做强公司。新区控股公司是新区开发投资建设主体和投融资平台，是"ABO"模式核心参与企业，必须要想方设法提高企业资质（勘察设计、建筑施工、工程监理等）、经营业绩、现金流和信用评级，新区管委会（或市国资委）适时予以注资，切实提高控股公司的融资能力和水平，多渠道引入社会资本参与新区开发建设。借鉴合肥市国资领投、社会资本参与的新型投融资模式，学习引进团队—国资引领—项目落地—股权退出—循环发展的链条闭环打造，探索采用"政府引导+市场主导+高校参与+公司运作"的方式，由控股公司联合社会投资人、高校通过股权合作方式成立合资公司进行开发运营，使城市经济发展与产业发展、项目发展深度绑定。四是探索资产证券化融资。2020年，国家支持发行基础设施领域不动产信托基金（REITs），通过资产证券化，将园区存量资产转化为流动性强的金融产品，解决"融资难、退出难"的问题，打通了"融—投—管—退"的链式闭合。目前，政策鼓励新型基础设施项目（收费公路、供水、供电、智慧交通等）开展试点，要求项目运营时间不低于3年，未来3年净现金流分派率不低于4%。目前，临港集团、张江高科、招商蛇口、东湖高新等园区开发商参与了第一批公募REITs的申报。接下来，如有符合条件的项目可以提请申报。

（三）创新土地整备及城市更新模式，举全市之力，想方设法腾挪新发展空间

土地整备及城市更新是当前新区面临的最大难点和痛点，必须要发挥好党建引领、压实责任、制度保障，扛下硬任务，为新区赢得新发展空间。

一是用好"党建+"这关键一招。综观近年来深圳光明新区、浙江白沙泉、青芝坞整治等项目成功经验,共同点都是充分发挥"党建+"。为此,新区要充分发挥好土地整备现场指挥部(市级)的协调作用,真真正正举全市之力,压实虎门镇属地责任,各政府部门靠前服务,党员干部冲锋一线,全面掀起土地整备和城市更新的攻坚战,争取工作主动。

二是压实虎门领导班子及社区两委属地属事责任。土地整备和城市更新攻坚战能否胜利,关键在人,关键在干部主动作为。为此,必须争取市级支持,推动将土地整备和城市更新项目执行情况纳入虎门领导班子、村(社区)两委领导班子年度工作考评,并作为重要考核内容,为土地整备和城市更新工作开展提供有力组织及制度保障。

三是用足用好"城更十条"。2021年7月,东莞市政府印发《关于支持滨海湾新区高质量推进连片城市更新的若干意见》(简称"城更十条"),为新区推动土地整备和城市更新提供了重要的政策及制度保障。为此,必须用足用好"城更十条"这个"尚方宝剑",积极探索城市更新政策创新,敢想敢干、敢闯敢试,破解工作中的痛点和堵点,推动土地整备和城市更新工作实现新突破、新作为。

四是争取最大公约数。面对企业、群众的不同诉求和声音,必须要耐心倾听和解答,做到心中有数、心中有底、心中有招,兼顾各方利益诉求,争取最大公约数。比如,对于群众对补偿标准有异议,且有一定合理性和合法性的,可以提请市委,市政府予以支持。又如,可以协调市内产业园区,设法协助企业搬迁转移等。

通过上述的四点举措,推动土地整备走出困局、打破僵局、拓展全局,实现政治效果、法律效果和社会效果的有机结合,为全市土地整备和城市更新蹚出新路子。

（四）创新产业发展模式，建设全球招商网络平台，打造世界级先进制造业集群

在经济"新常态"下招商引资呈现新特点：真正"大鱼级"龙头企业并不多；招商推介会已成为过去式；过去"砍胳膊砍腿"式的低成本、粗放型招商已不适用，如今真正优秀的企业已经不再需要这类恶性低成本的招商。未来园区运营应从单纯的"房东"转变成为"合作伙伴"，形成产业资源、企业资源、技术研发资源、专项服务资源等多方要素的聚集，打通"园区载体资产管理+精准聚焦产业生态圈运营服务+最终（产业+资产）资本化退出"道路，以一个整体产业体系参与到新时代新产业的竞争中。为此，结合新区实际，可以考虑采用"复合型产业发展模式"，聚焦构建高端电子信息、人工智能、生命健康、现代服务业"1+2+1"现代产业体系，以 OPPO、VIVO 等电子产业龙头企业为带动，高起点布局战略性主导产业、新兴产业、未来产业，打造世界级先进制造业集群。具体来说，可以从这几个方面发力。

一是推动产业发展链条化。绘制产业链全球招商图谱，制定新区详细产业目录、产业用地类型及分布，推动产业链上下游、产供销、大中小企业整体配套、协同发展。推动产业链式招商，集中资源加强对境内外产业链龙头、企业总部、专精特新"小巨人"企业、隐形冠军、"独角兽"企业开展精准招商。创建"矩阵式"产业扶持体系，从企业招引、项目培育、空间落地、人才支撑、惠企政策等多维度，为企业提供全方位、常态化服务。建立科技成果"沿途下蛋"高效转化机制，构建"楼上楼下"创新创业综合体，形成"科研—转化—产业"的全链条企业培育模式。

二是推动项目招引全球化。制作通俗易懂、立意深远的宣传片，投放到境内外重要机场、广场等，增强新区的知名度和美誉度。充分利用世界莞商大会的国际影响力，发挥桥梁纽带作用，推动境外产业、资本、人才、科技全方位多领域回归，带动更多外资大项目、好项目在新区落地。

创新国际招商引资新方式，推行以商引商、资本招商、产业链招商等开放招商新方式。

三是开展集成服务模式探索。当前，美国得克萨斯州的首府奥斯汀市、波士顿的肯德尔广场、128号公路地区及哈佛大学，上海张江高科产业园等，均通过"集成服务"形成了产业的"集群效应"，建立一种共生的关系，催生了大批优秀企业，也源源不断吸引更多的企业入驻，取得较大的经济和社会效益。以张江高科产业园为例，打造以管委会为主的行政服务平台、以张江集团为主的国资投资管理平台、以"张江高科"为主的市场运作的园区平台公司、以"区镇联动"为支撑的张江科技城社会管理平台、以政产学研结合为支撑的园区业界自治平台，围绕区域、要素、产业、资本、机制等方面提供"集成服务"，参与到创业企业生命的全周期中，为不同阶段、不同规模的创业企业提供集成服务，成功从传统的产业地产开发商转变为科技地产商。为此，新区可以借鉴张江高科产业园的集成服务经验，搭建若干服务平台，提供"店小二"式政府专业化、集成化服务，推动园区从"优惠政策+物理空间"的被动式发展，上升到"集成服务+要素聚集"的主动式发展。

（五）创新区域联动发展模式，建立一体化运作机制，激发粤港澳大湾区发展新活力

综观旧金山湾区、纽约湾区、东京湾区世界三大成熟湾区，抓好区域协调发展是成功的关键一招，基本上在沟通协调机制、产业协调、交通互联互通上做文章。当前，在京津冀、长三角等区域一体化发展的先行示范下，粤港澳大湾区融合发展日趋紧迫和必要。近期，国家印发了横琴、前海两个合作区方案，香港也发布了"北部都会区"发展策略，可见区域融合发展已经是箭在弦上。其中，建立新型跨区域联动发展机制，是区域融合发展关键所在。为此，对外方面，建议参照长三角生态绿色一体化示范区的"理事会+执委会+发展公司"三层次架构、"业界共治+机构法定+市

场运作"的模式，创建粤港澳大湾区版的"理事会+执委会+开发机构"运作机制，建立跨区域统筹土地指标、盘活空间资源的土地管理机制，聚焦基础设施、产业发展、公共服务等重点领域，实施一体规划、一体开发、一体管理，最终实现粤港澳大湾区融合发展。对内方面，建议继续向广东省、东莞市争取支持探索开展"双轨制"（全员聘用制）人事制度改革、法定机构试点，构建人员能进能出、职务能上能下、待遇能升能降的选人用人机制，吸引境内外优秀人才到新区工作，合力掀起开发建设高潮，谱写滨海湾新区开发建设新篇章。

产业发展篇

【导语】

2008 年以来，东莞加工制造业经历了严峻考验，从快速发展阶段转向高质量发展阶段，突出面临供需两侧重大调整等一系列难题。本篇收录了 2012 年以来的几篇产业发展研究报告，涉及重大产业项目谋划生成、供给侧结构性改革和电子商务、检测服务等内容。

产业的转型升级，往往也是产业从自由竞争到垄断竞争的过程，在转型升级过程中，重大项目和龙头企业的带动是关键和主要动力。东莞作为全球性的加工制造业城市，有较为完备的研发、生产、物流和营销的产业链，发展电子商务尤其是跨境电商有着天然的基础和优势。电子商务无论是内销或者外销，对于东莞产业转型升级和传统发展模式的转变产生了巨大的推动力。

在产业转型升级处在"攻坚克难""爬坡越坎"的关键时期，高度重视检测高技术服务业发展，加快推动检测行业改革创新发展，从国家宏观政策要求、建设质量强市以促进转型升级、推动检测行业发展及与周边城市竞争等多方面看，无疑都有着重大意义。

东莞重大项目谋划生成研究[*]

东莞已步入工业化的后期转型升级和城镇化的中期质量提升阶段，要实现持续稳定发展，其面临的最突出问题是资源、产业及城市功能缺乏有效统筹整合。东莞实施"三重"建设战略，根本目的是要以重大项目作为统筹资源利用、强化龙头带动和转变分散发展格局的主要抓手。

一 加强重大项目谋划统筹的背景意义

首先，从产业转型看，进入垄断竞争阶段，东莞产业发展离不开重大产业项目和龙头企业的带动，重大产业项目的生成则需要谋划统筹。产业转型升级无疑是一项牵涉诸多生产要素的系统工程，涉及产品升级、技术升级、生产装备升级、产业链升级等，其一般路线为：消费升级—产品升级—技术升级—装备升级—产业链升级。实践表明，产业的转型升级，往往也是产业从自由竞争到垄断竞争的过程，在转型升级过程中，重大项目和龙头企业的带动是关键和主要动力。如国内家电行业，从早期的自由竞

* 本文为 2013 年东莞市发改局重大项目办公室委托课题"东莞重大项目谋划生成研究"的部分内容，由胡青善主笔，与东莞理工学院李福坤等人共同完成。

争进入现今的垄断竞争阶段，产业集中度不断提高，目前已基本形成几家龙头企业垄断竞争格局，美的、海尔、TCL、格力等重大龙头企业基本垄断了家电行业市场，并对整个产业链的转型升级发挥着主导作用。东莞由于特殊的发展模式，聚集了一大批外向型加工制造类企业，形成了适宜中小企业发展的产业环境，但由于缺乏行业龙头企业，产业资源缺乏有效整合，总体如同一盘散沙，未能形成有机融合的产业链。东莞产业模式适应工业化初、中级阶段的发展，但难以应对工业化后期垄断竞争挑战。因此，东莞要加快产业转型升级，必须强化重大项目和龙头企业的培育和引进，充分发挥龙头企业主导产业竞争的领头羊作用。

国内诸多实践充分表明，违背市场、产业和城市发展规律，不顺应重大项目内在生成发展要求，盲目上马重大投资项目是难以取得成功的，甚至可能产生难以估计的负面影响。东莞早年由政府主导引进福地彩管项目，因为缺乏持续研发能力，后来在液晶技术转型中以失败告终，这与对高技术项目和产业发展趋势等缺乏充分谋划有密切关系。因此，发展重大项目，尤其是针对高风险、高投入的重大科技项目和化工领域项目，无论是通过对外招商引资或者是对内孵化培育，都必须加强谋划统筹，科学论证重大项目的可行性，而不是出于发展冲动盲目招商引资或者扶持企业做大做强。尤其在加强项目引进同时，要注重项目筛选，强化投融资引导和支撑，充分调动社会投资主体的积极性。

其次，从城镇升级看，进入区域一体化发展阶段，城镇升级离不开重大城建项目的支撑，而要有效解决重大城建项目面临的突出问题，需要科学规划和统筹管理。城市发展有其特定的规律，城市发展格局与产业发展模式紧密相连，反过来产业转型升级必然要求城市发展与其配合推进。东莞"市辖镇"管理架构和"四轮驱动"发展模式导致城市分散发展，而分散发展的城镇格局则反过来也制约产业的转型升级。要转变这种分散发展格局，城市统筹发展无疑是关键。事实上，当前，东莞市重大项目建设突出面临土地资源紧缺、用地指标紧张、征地拆迁困难和资金不足的问题，很大程度上，是因为缺乏统筹管理。因此，东莞在区域发展一体化和全市财政收支不平衡的背景下，要有效解决或者缓解这些瓶颈制约，必须加强城市规划统筹、项目管理统筹、土地资源统筹、财政资金和政策资源统筹。其中针对重大城建基础和社会民生项目，必须构建科学高效的城建投资统筹管理机制，强化城市规划和区域统筹，加强土地资源整合，优化城市空间和功能布局，强化城建项目论证和经营管理，高效配置城市资源。

二　重大项目发展趋势与园区竞争态势

重大项目的生成有其特定规律，受市场需求、国家政策、产业环境、生态环保及园区平台、科技创新、投融资、人才资源等一系列经济要素制约，尤其受宏观环境的影响更为突出，与产业发展规律的契合程度更为密切。谋划生成重大项目，必须把握产业发展趋势和先进城市发展态势，科学选择适合本地区的产业项目，并制定相应的生成机制，创造或改善相应的生成条件和环境，以促进其生成发展。

（一）国内产业发展阶段及趋势

根据霍夫曼定理分析，工业结构的演变总体上可分为轻工业化、重工业化、高技术产业化和生产服务化阶段。改革开放 30 多年来，我国工业化进程总体上经历了 20 世纪八九十年代以消费品生产为主的轻工业化阶段和 21 世纪以来城市化带动的重工业化阶段，目前正转向高技术产业化和生产服务化阶段。

1. 轻工业化阶段

从市场需求看，这个阶段主要满足市场对消费品的庞大且不断升级的需求；从生产角度看，轻工业生产的主要是消费品，生产过程资源和劳动密集型特征突出，资源和廉价劳动力占有主导型地位。由于中国自身庞大人口对轻工业消费品的庞大需求，从 1982 年起，我国轻工业快速增长了 30 年。东莞在轻工业化过程中占有显著优势，在"双优势效应"（即国际后发优势和国内先发优势效应）推动下，东莞充分抓住境外产业转移机遇，依托区位优势、国内廉价劳动力和本土丰富的土地资源，率先发展轻工业（包括电子信息产品制造业），推动经济实现了 30 年的快速增长，取得了巨大成就。但目前我国以轻工业消费品生产为主的传统产业普遍存在大而不强、不精的问题，在高端产品领域明显缺乏竞争力，未来随着资源红利、人口红利和政策红利的消耗殆尽，尤其劳动力成本持续上升，传统产业将加速分化，一部分缺乏竞争优势的低端制造企业将遭到淘汰，一部分中小企业在细分市场做精做细，另一部分具有核心竞争力的企业则可能转型升级做大做强。可以预见，轻工业领域，未来产业整合进程将不断加快，部分优质企业有望通过并购重组实现快速做大做强。传统轻工业是东莞产业根基，东莞必须立足自身产业基础，扶持发展一批具有核心竞争力的优质轻工企业，并以其为龙头整合重组带动传统优势产业持续发展。

2. 重工业化阶段

从市场需求看，工业化带动城市化、轻工业带动重工业，工业化的中后期必然是重工业化加快发展时期；从生产角度看，重工业生产资本密集型特征突出，资源和资本占有核心地位，具有明显的投资驱动特征。过去 10 年，是中国重工业化发展的黄金时期。工业化带动城市化进程加快，推动基础设施建设、房地产及服务业加快发展，从而拉动采矿、钢铁、水泥、机械、汽车、造船、石油化工等重化工业快速发展。2008 年以来，我国重化工业进程逐渐放缓，但由于我国重化工业尤其是装备制造业水平仍不高，珠三角地区过去主要以轻工业为主，重化工业水平相对滞后，大量加工制造所需要的关键零部件和核心生产装备主要依赖国外进口，未来随着产业升级对材料、生产装备的需求提高，新材料、装备制造尤其是高端装备制造等领域仍有很大发展空间，有望生成较多重大先进制造项目。尽管 2002 年以来，东莞赶上了中国加入世贸组织和信息技术带动的加工贸易发展机遇，但由于传统发展模式惯性，也由于本身缺乏资源能源、相关产业基础和政策优势，东莞未能抓住重化工业发展黄金期机遇，与钢铁、汽车、机械、石化等重化工业失之交臂。

3. 高技术产业化和生产服务化阶段

技术将取代资本地位，成为工业结构中的最重要因素。从 20 世纪 90 年代开始，随着科学技术的飞速发展，不少发达国家和地区就已经开始从要素驱动阶段、投资驱动阶段逐渐进入创新驱动阶段，以科学技术的创新来促进经济的发展。可以预见，未来随着消费需求的升级、人口红利的结束和资源要素的约束，我国产业发展将加快进入以高技术产业化为主要特征的创新导向阶段，现有产业格局将加快向现代产业体系转型升级，加工制造必须加快向加工创造转变，制造高端化和战略性新兴产业无疑将成为发展趋势。党的十八大报告强调，加快转变经济发展方式，要着力实施创新驱动战略。未来无论从短周期还是长周期看，经济复苏离不开新技术、新产业和新模式的驱动支撑。而在新一轮的技术和产业革命中，战略性新兴产业将成为世界各国产业竞争的制高点，也将是重大产业项目生成的主要领域。进入高技术产业化和创新驱动阶段，地区经济竞争优势已不再严重依赖自然资源、劳动力资源的拥有状况和资本的丰富程度，经济的发展更多地依赖技术创新。东莞实施创新驱动战略，发展创新型经济，必须努力集聚科技创新资源，充分利用自身产业基础和周边科技、金融和人才等创新要素资源，着力引进培育重大高技术产业化项目。

国际经验表明，制造业发展到一定阶段后，其附加值和市场竞争力的提升更多的是靠生产性服务业的支撑，制造业对服务业有着越来越大的需求。伴随着制造业的服务化，生产性服务业得以迅速发展。从城市发展趋势看，在工业化和城市化的初、中期阶段，往往以工业发展为主导，以城市发展为支撑，以工业化带动城市化；当工业发展到一定阶段，随着城市服务功能的不断加强，服务业赶超工业，以城市发展为基础的服务业逐步占据主导地位。同时，产业转型需要城市升级为支撑，要求城市提供更好的综合服务功能，从而推动城市加快升级发展。当前，东莞制造业与生产性服务业呈加快融合发展趋势，科技研发、创意设计、工业服务、金融服务、信息技术服务、物流会展、商贸流通及各类商务服务等生产性服务业面临新一轮发展机遇，有望生成一批重大服务项目；同时，随着区域一体化和城镇化水平提高，现代生活服务业也将面临新一轮发展机遇。

（二）重大项目区域布局与园区竞争态势

1. 重大项目区域布局

需要强调的是，根据钱纳里产业结构演化理论和发达国家产业结构演变经验，即使在产业发展的高级阶段，轻工业和重工业仍将是工业经济和国民经济的重要部分，尤其是石化、汽车、机械设备等重化工业仍然是经济增长的重要支柱。不同于西方工业化的逐渐推进，我国作为后起工业化国家，工业化历程较短，在更短的时间内快速完成了轻工业化、重工业化和信息化过程，同时区域发展极不平衡，从而形成以高技术产业化和战略性新兴产业（技术密集型）为先导、重化工业（资源和资本密集型）和一般加工制造业（主要是劳动密集型的轻工业）仍有较大发展空间的复杂混合阶段。重大项目在三个领域都有不同程度的生成空间：一是资源和劳动密集产业领域的重大项目，为降低生产成本，加快从沿海地区向中西部地区转移，在内地将生成一批投资较大的产业项目。如富士康近年来在重庆、河南、山西等地布局了一批重大项目。二是重化工业如钢铁、石化、能源、建材、汽车、造船等传统制造领域，产能总体过剩，逐渐式微，但部分高端和新兴产业如高端装备制造（智能装备、轨道交通、飞机制造、新能源汽车、海洋工程等）、精细化工和新材料等领域则有生成重大项目的发展空间，并且为调整产业布局，部分邻近市场和资源产地地区的传统重化工业重大项目也仍有较大发展空间。如近年来，国家和大型央企出于产业布局考虑，在广东相对落后的惠州、揭阳、湛江、阳江、江门等地纷纷布局了一批能源、钢铁、石化类重大项目，如惠州与揭阳的石化项目，阳江和韶关的核电项目，江门与广州的轨道交通制造项目，珠海、广州与东莞的海洋工程等。2012年国家出于调整钢铁产能布局考虑，同时批复了广西钦州武钢项目和湛江的宝钢项目。东莞受区位和资源条件影响，难以生成此类重大项目，但近年来依托虎门港的开发建设，临港产业发展加快，在粮油加工、造船和海洋工程、精细化工等领域正生成一批较大投资项目。三是高技术产业和战略性新兴产业已成为重大项目主要生成领域。近10年来，各地普遍加强了园区经济的发展力度，尤其针对高技术产业的发展，各地的国家级科技园区如同雨后春笋般纷纷崛起，成为重大科技产业项目的主要发展载体。

2. 园区发展竞争日趋激烈

目前，园区发展已成为我国地方经济发展和竞争的关键和核心，各地方园区争政策、争资金、争科技、争外资和大项目（尤其是央企大项目）非常激烈。总体上，东部沿海区域包括上海浦东新区、苏南的苏锡常高新区或工业园、深圳高新科技园、广州经济开发区、天津滨海新区、沈阳和大连高新区等总体上处于领先地位，已集聚一大批重大产业项目；珠三角深圳前海、广州南沙、珠海横琴和福建平潭综合实验区等列入国家战略开发区，正迅速崛起；中西部一些中心城市如武汉、西安、洛阳、成都等科技资源比较丰富的城市，依托国家高新技术开发区，集中优势资源，在电子信息、光电子、先进制造、生物医药、民用航空、新能源、新材料等领域也都实现了快速发展，生成了一批重大项目。

（1）环渤海地区。天津和沈阳等原本具有重工业基础的城市，近年来，依托自身基础，充分发挥区位优势，在飞机和汽车制造、数控和重型机械、石油化工、新材料等重工业领域的重大项目加快发展。其中，天津滨海新区、沈阳高新区和大连高新区重大项目发展最为突出。

（2）中西部地区。为吸引和承载东部地区加工制造业转移，中西部地区充分利用土地资源丰富的优势，大力发展园区经济。2012年，仅河南省重大项目中富士康项目就达到 15 项，分布在郑州、洛阳、周口和南阳各个地区的产业集聚区。同时，中西部地区城市抓住重工业化机遇，充分利用政策、区位、资源能源和原有重化工业基础，大力发展以重化工业为主的重大项目，在汽车、飞机、轨道交通和大型建筑机械等领域生成了一大批超大型龙头企业和重大项目。其中，中部京广线上的长沙、武汉和郑州正在快速崛起，在建筑机械、汽车制造和重型机械等领域生成了一大批重大项目。株洲南车制造、长沙以三一重工为代表的建筑机械、武汉光谷的光电子产业和生物技术产业、重庆的汽车制造和笔记本电脑、西安的半导体和航空航天产业等均在国内占有重要领先地位。

（3）苏南地区。江苏连续多年保持全国引进外资金额第一，这要归功于苏南园区发展。目前，苏南地区国家级园区（开发区）已达到 17 家，这些园区已成为苏南地区新型工业化、城市现代化和重大项目生成发展的重要载体。苏南地区的重大项目主要集中在电子信息、装备制造、新能源、医疗机械等领域。

（4）珠三角地区。珠三角地区制造业总体上呈现"两走廊、多基地"的发展格局，形成了珠江口东岸的电子信息产业和珠江口西岸的优势传统产业走廊，以及各具特色的装备、汽车、石化、船舶制造等产业基地。为加快推进经济和城市转型，广州、深圳、佛山、珠海、惠州等城市都加快了区划调整步伐，同时把园区经济和重大项目提升到更高的战略地位加快推进。其中，深圳前海、广州南沙和中新广州知识城、珠海横琴和高栏港、惠州大亚湾和仲恺高新区、佛山高新区和金融高新区、东莞松山湖高新区和虎门港开发区等一大批园区都在加快开发建设。重大项目方面，深圳早在 1998 年亚洲金融危机时即加快转型，培育了包括华为、中兴、腾讯、比亚迪等一大批重大高科技企业，目前重点在战略性新兴产业和高科技制造领域集聚生成了腾讯滨海大厦、光启超材料产业化基地、深圳国家基因库及华大基因总部基地、先进储能材料国家工程研究中心建设项目、深圳新能源（核电）产业基地、百度公司华南总部、华星光电第 8.5 代

TFT-LCD 项目、长安标致合资项目、比亚迪汽车生产基地二期项目、旭硝子 TFT 玻璃基板项目、深圳湾科技生态园和长城研发大楼等一批重大项目。其中，深圳坪山生物医药产业加速器等产业集聚区的规划建设，吸引了信立泰、翰宇、康哲、万乐等一批企业入驻投资，产业集聚效应凸显；深圳湾科技生态园、深圳科技创新综合大楼、光电产业企业加速器等项目吸引了大量社会资金参与，有效缓解了深圳市政府的财政资金压力。广州也逐渐形成了完整的汽车产业体系，并依托南沙新区和广州科学城发展重大装备制造和高技术产业项目，主要在新能源汽车、临港重大装备制造、液晶面板、生物医药和科技、金融服务等领域。佛山不仅有美的等一批超大龙头企业，近年来通过区划调整和土地资源整合重点引进了一汽大众奥迪汽车制造、奇美平板显示等一批重大工业项目，并抓紧规划建设中德工业服务区。惠州不仅培育了 TCL 等一批龙头企业，还依托大亚湾经济开发区地理优势引进了中海壳牌等重大石化项目，用一个项目拉动了一个产业。珠海随着港珠澳大桥的建设，其珠江西岸龙头地位不断凸显，横琴开发区依托高栏港引进了油气和海洋工程等一批重大项目，尤其中海油已在高栏港先后设立了"南海天然气陆上终端""深水海洋工程装备制造基地""LNG 接收站""天然气发电"和"精细化工园"五大项目。江门受益于珠三角地区一体化，后发优势明显，已引进南车轨道交通制造重大项目，也将拉动超千亿元产值。

三　东莞重大项目发展环境、谋划思路及主攻领域

东莞要谋划发展重大项目，在充分把握产业发展趋势和区域竞争态势的基础上，必须立足自身优势条件，努力抓住新一轮产业发展机遇，明确发展思路和产业的主攻方向，做到有的放矢、科学发展。

（一）发展环境

2008年以来世界金融危机持续深化，其本质是世界经济失衡和产能过剩，这种经济失衡和产能过剩对东莞加工贸易发展明显不利。同时，国内开放格局和发展热点向中西北部转移，城市竞争日趋激烈，受土地资源的瓶颈约束，东莞要发展重大产业项目，面临的竞争和挑战很大。

不过同时也要看到，我国工业化进程正快步进入以创新驱动为特征的高技术产业化阶段。随着国家扩内需战略的实施和区域一体化加快，更随着内部园区平台、投融资等核心要素的不断成熟，东莞良好的产业基础和区位优势有利于聚集创新资源，产生一批重大高技术产业化项目。尤其在新一轮技术和产业革命中，东莞有加工制造业基础，具备高技术产业化能力，并且经过数年大力实施"科技东莞"工程，已培育了一批重大科技平台和高技术企业，战略性新兴产业发展也取得了显著效果。以高端新型电子信息、LED、太阳能光伏、生物医药、海洋工程等产业为代表的一批新兴技术、新兴项目和新兴产业迅速崛起，正在成为东莞新的经济增长点。

但相比先进地区，东莞的战略性新兴产业发展还处于培育和起步阶段，存在企业规模不大、龙头带动作用不强，高层次领军人才和创新型人才缺乏，企业自主创新能力不强，产品附加值较低、产品应用市场有待培育开拓等问题。如在电子信息制造方面虽然具备较完整的产业链优势，但以中低端的电子信息产品制造为主，台资企业较多；相比深圳等先进城市，东莞企业内生增长和自主创新能力明显不强，软件和信息服务业发展明显滞后。要实现电子信息产业的升级，必须瞄准信息技术发展趋势，加快引进或培育高端电子信息产业领域重大项目。发展战略性新兴产业，需要推动科技、金融与产业融合发展，这方面东莞明显落后于深圳、苏州、无锡和广州等国内先进创新城市，在科技政策、科技投入、创新平台、创新人才和创新环境等方面仍存在明显不足，尤其是科技人才、中小企业科技创新孵化器和高技术产业所必需的投融资支撑滞后，松山湖高新区对科技创新和产业升级的龙头带动作用仍不突出。同时，新一轮技术革命对东莞产业无疑是一把双刃剑，数字化制造（信息技术、智能化技术与制造融合）有利于降低东莞制造业成本，对提升一批有发展潜力的企业总体有利，但对东莞低端制造企业也将构成进一步冲击。

（二）谋划思路

东莞要谋划重大项目，必须遵循重大项目生成规律，坚持"引进与培育并举、突出优质项目、科技金融与产业融合发展及政府引导与市场主导相结合"原则，着力统筹整合集聚土地、科技、金融和招商引资等核心资源，在加大重大产业项目招商引资的同时，通过科技创新、市场并购和投融资等方面政策扶持一批有发展潜力的龙头和"两自"型企业做大做强，培育引进一批重大战略性新兴产业企业。产业布局方面，应着力依托松山湖高新区统筹整合生态产业园及周边镇街资源发展先进制造、高技术和战略性新兴产业，依托虎门港统筹整合沿港资源发展临港产业，依托产业集群优化统筹整合提升传统制造业，依托轨道交通建设统筹整合城镇资源加快发展现代服务业。

（三）主攻领域

目前，东莞市政府重点提出要发展高端新型电子、LED、薄膜太阳能和电动汽车四大产业。这四大产业均属于电子信息制造业、电气机械及设备制造业的范围，这些产业在东莞已有良好基础，应该说总体上符合东莞实际。但需要强调和补充的是，针对产业发展趋势和东莞实际，东莞应同时抓住先进装备制造、光电技术、生物医药、节能环保、新材料及现代服务业等产业的发展机遇，努力谋划生成一批重大项目。

1. 先进装备制造

随着产业升级对装备制造产生的大量需求，先进装备制造将有着较大发展空间。近年来，广州、深圳等周边城市上马了一批重大装备制造项目。东莞是一个加工制造业城市，有着良好的产业配套能力，在装备制造方面聚集了一批相关企业，应抓住机遇，充分发挥区位优势，依托现有电气机械及器材制造业基础，集中力量引进重大先进装备制造项目，并积极为周边重大项目配套生产关键零部件。具体来说，应重点发展现代化通用数控机械设备、专用特种汽车、电动汽车关键零部件及汽车电子设备制造，力争在发展精密、智能装备制造业上有新突破，实施装备制造业数字化工程。与广州、深圳等国内先进城市比，东莞在电动汽车整车制造方面不具有竞争优势，但依托现有产业基础和邻近广州（混合动力整车制造）、深圳（比亚迪纯电动汽车制造）的区位优势，东莞可重点发展电动汽车动力电池、电机和电控等关键零部件，积极发展车用电助力转向、电助力制动、电动空调等零部件，掌握自主知识产权。在海洋工程装备方面，南海油气资源加快开发将产生庞大的市场需求。目前，在珠三角地区，珠海高栏港已引进了海油工程项目。东莞具备良好的港口条件和产业基础，可将海洋工程装备作为临港产业努力推进。在智能制造装备方面，东莞有一定的产业基础，未来如果能引进该领域的先进创新团队或企业，或许可实现产业突破。

2. 光电产业

当前，光电产业已成为战略性新兴产业，有望成为 21 世纪的主导产业。光电子器件和部件广泛应用于长距离大容量光纤通信、光存储、光显示、光互联、光信息处理、激光加工、激光医疗和军事武器装备，预期还会在未来的光计算中发挥重要作用。目前，国内光电产业已初具规模，正进入加快发展阶段，武汉"光谷"、长春"光谷"、广州"光谷"等一批光电产业园迅速崛起。东莞的光电产业在光电照明、光伏太阳能等领域具备一定优势，但在光纤通信、光存储、光显示等其他光电领域仍处于落后乃至空白状态。为此，东莞应依托电子信息产业基础，加大光电产业项目引进和培育力度，提高产业竞争力。

3. 生物医药产业

"十二五"期间，生物医药产业在一系列利好政策支持下，进入大规模产业化阶段，将成为继信息产业之后又一个主导产业。东莞已初步具备发展生物医药产业的基础条件，未来应加快整合松山湖高新区和生态产业园土地资源，加大生物医药产业项目的引进和扶持力度。

4. 节能环保产业

由于世界性的能源危机、环境恶化等问题日益凸显，以低能耗、低污染为基础的低碳经济已被广泛认为是继工业革命、信息革命后改变全球经济的第三次革命浪潮，未来节能环保产业有望加快发展。目前，东莞已引进中以国际科技合作产业园，在发展节能环保产业方面具备了一定基础，应加快发展节能环保装备和产品制造业，推广应用节能环保技术，重点引进和发展大气污染防治、水污染治理、固体废弃物处理设备与技术，同时积极培育节能环保服务业，为推进东莞节能减排，发展低碳绿色经济提供有力支撑。

5. 新材料产业

东莞有较好的新材料产业基础，部分领域处于国内国际领先水平，产业配套较为完整。围绕东莞产业发展需求，应优先发展高端新型电子信息、电动汽车、半导体照明三大产业赖以发展的关键新材料，着力打造广东电子基材研究生产基地。目前，立沙岛已基本建成油气化工等原料码头及储运基地，为东莞经济发展提供了有力支撑。水乡区域要建设水乡功能区，并定位于发展幸福导向型产业，因此在立沙岛发展化工产业，必须充分考虑环保问题，慎重抉择。

6. 现代服务业

当前，东莞已进入工业化的后期阶段，制造业与生产性服务业呈加快融合发展趋势，生产性服务业如投融资服务、科技研发、创意设计、电子商务、IT 服务、现代物流、商贸会展、专业服务及总部经济等面临重大发展机遇；同时，随着区域一体化和城市加快升级，文化产业、健康产业、高端消费、城市综合体等高端生活服务业也将加快发展。现代服务业范围很广，市场化程度很高，对城市环境尤其人才依赖性很强，东莞处在广州、深圳、香港之间，相对缺乏竞争优势。东莞应立足自身实际，依托轨道交通建设实施公共交通导向（TOD）发展策略，打造几个专业化和特色化 TOD 型城市副中心和城市综合体，重点发展商贸会展物流、商务酒店、居住休闲娱乐等具有竞争优势的特色服务业。

四 加快创新重大项目谋划统筹机制

加强重大项目的谋划统筹，重点要在招商引资、产业整合、科技创新、资源整合和统筹管理等机制创新方面下功夫。

（一）完善重大项目招商引资机制

招商引资是一项专业性很强的工作，必须整体策划，系统运作，才能不断提高质量和效益。国内招商引资比较成熟的地区是长三角，以苏州、昆山最为突出，近年来佛山、上海和北京也做了比较好的尝试和创新。当前，东莞针对重大项目的招商引资，已制定《关于加强重大项目招商引资工作的意见》等"1+5"系列政策，对招商引资队伍建设管理、重大项目认定管理、招商引资的"一站通"工作机制及产业指导目录都进行了明确规定。但在招商引资思路、目标和重大项目的认定、统筹协调机制、跟踪管理等方面仍存在许多缺陷和不足，应进一步有针对性地做好完善工作。

第一，围绕"建链""补链""强链"思路，进一步明确招商引资的思路和目标。《东莞市招商引资产业指导目录》对产业发展趋势和自身产业链总体上缺乏深入分析，对招商引资工作的实际指导意义不大。为此，应着力借鉴苏州与佛山的"链条式"模式，着力围绕"建链""补链""强链"思路，立足产业发展趋势和自身产业转型升级需求，进一步明确招商引资思路和重点对象。重点以"建链"发展战略性新兴产业、以"补链"打造全产业链、以"强链"提升传统优势产业。对产业链条缺失的高附加值环节进行"补链",对新一代信息技术、高端装备制造、新能源汽车和生物医药等重点发展的战略性新兴产业进行"建链",对传统优势产业链的薄弱环节进行"强链"。

第二,避免"一刀切"简单做法,完善重大项目筛选评估和跟踪服务管理工作机制。目前,针对重大项目的基本条件、综合效益的认定,"一刀切"做法虽然便于操作,但容易导致部分项目为勉强达到基本条件虚报投资额,也容易限制部分投资规模虽小但属于真正高质量、高技术项目的引进。应借鉴深圳经验,进一步对各类产业项目认定条件进行细分,避免简单化的"一刀切"做法;同时,应构建重大产业项目前期的筛选论证机制和后期的跟踪管理机制,防止出现重大投资失误。其中,在项目的引进评估阶段,应着力从技术先进性、市场占有率、对当地的财政贡献率、就业、用地、节能及对生态环境的影响等方面进行细化分析,建立一套科学的重大项目评价体系;在项目的跟踪服务管理阶段,建立一套责任明确的跟踪服务管理工作机制。

第三,建立重大项目利益分成机制,促进市镇、园镇和园区之间联合招商,实现资源整合共赢局面。目前,各自为政、分散发展已成为制约东莞可持续发展的主要障碍。目前市镇、园镇和园区之间尚未建立重大项目利益分成机制,导致东莞市招商引资力量分散乃至竞争内耗局面难以从根本上转变。为此,应尽快以松山湖高新区、虎门港开发区为重点,构建园镇项目利益分成和联合招商机制,推动园镇之间实现合作共赢。

第四,构建招商引资市场化机制,充分发挥各类市场主体力量。招商引资是一项专业性很强的工作,可成立招商引资基金,制定相应的激励机制,调动相关市场机构包括投融资企业、行业企业协会和创新平台等机构的积极性,实现市场化运作。实施招商引资,当前应打破传统依靠政府的做法,要重点构建政策与市场招商有机配合机制,充分调动社会金融资本、科技力量、企业力量、市场中介、企业主体和行业协会等有生力量，提高招商引资的效率。

（二）创新科技、金融和产业融合发展机制

借鉴深圳等先进城市经验，以构建科技、金融和产业融合发展示范区为目标，以推动科技产业化为主要路径，以战略性新兴产业的关键技术攻关和培育龙头科技企业为重点，以政策和财政资金引导社会资本运营为推力，以知识和人才为依托，着力优化创新资源要素配置，着力构筑大平台、引进大项目、发展大产业，着力优化创新型经济布局，为推动东莞高水平发展构筑强大的科技和产业支撑。

1. 以科技创新培育重大产业项目

东莞实施创新驱动战略，应立足于自身实际，重点在实施协同创新、科技与金融融合、强化企业的创新主体地位等方面下功夫。

一是加快集聚科技创新资源。要通过开展科技招商、产学研合作和国际科技交流合作等方式，引进产业发展所需的优质科技项目、核心技术、科技企业和科研人才，形成区域创新体系，为产业转型升级提供强大引擎和支撑。

二是强化企业作为创新主体的地位。学习借鉴深圳经验，加大对企业创新的引导和扶持，支持企业牵头实施重大科技项目，鼓励企业主动吸纳创新资源，加快培育一批拥有核心技术和自主知识产权、具有持续创新能力的创新型企业。

三是构建多元化科技投融资机制。应建立科技与金融互动机制，促进各类创新要素尤其是金融要素、资本要素向科技型企业集聚，形成支持科技型企业发展的多元化投融资体制。应借鉴苏州、深圳、杭州等先进城市的经验，加快完善相关科技金融政策，创新科技金融工具，建立一套以政府科技风险投资引导基金和科技担保基金为引导，以金融机构、科技创投公司（子基金）、科技孵化器和科技企业为主体，以上市融资和产权交易

（企业并购）为支撑，推动社会资本（银行资本和民间资本）广泛参与的多元化科技投融资机制。

2. 以投融资创新支撑重大项目

针对重大产业项目尤其是战略性新兴产业的发展，需重点发展多层次资本市场，开拓企业融资渠道。

一是积极推动企业改制上市，扩大直接融资比例。加强与港交所、深交所、沪交所的合作，加大对企业改制上市的培育与指导力度；搭建对接平台，将优秀的上市后备企业推荐给相关的金融机构和中介服务机构。

二是培育风险投资体系，支持重大项目和创新企业加快发展。整合东莞现有投资资源，鼓励民间资本和外资投资、参股，扩大资本金规模，增加抗风险的能力，发挥对高新技术产业的支撑作用；扩大对风险投资企业的扶持力度，吸引国内外有实力的风险投资机构关注和支持东莞科技创新企业。着力借鉴苏州、无锡等城市的经验，依托现有产业引导母基金，重点设立重大项目、战略性新兴产业、文化创意产业及战略并购重组等方面的产业引导子基金，真正发挥财政资金"四两拨千斤"作用，引导撬动社会资本积极投资东莞战略性新兴产业重大项目、重大科研平台或产业化基地项目，推动新兴产业不断增长。

三是积极发展债券市场，拓宽企业融资渠道。鼓励符合条件的企业发行企业债券和短期融资债券，拓宽企业融资渠道。

四是发展壮大产权交易市场，促进产权有效流动。对产权交易市场机制进行改革和完善，规范产权交易制度和管理流程，搭建产权交易平台，扩大产权交易业务范围。

（三）构建优质企业培育和产业整合机制

并购重组和增资扩产是现代企业做大做强的重要途径，尤其是并购重组已成为现代企业快速发展的主要路径。可以预见，随着加工制造业转型升级不断深化，未来东莞的中小企业将加快分化，一部分面临淘汰，一部分做大做强。企业之间基于生存、扩张或抱团发展的需要，将会加快并购重组步伐。目前，东莞在电子信息产业、电气机械及设备制造、纺织服装、模具、家具、玩具、食品等产业领域已形成一批有发展潜力的优质企业，这些企业做大做强对带动整个传统产业的转型升级，意义重大。为此，应着力构建企业增资扩产和并购重组鼓励机制，可考虑由政府建立并购重组方面的母基金，以母基金撬动投融资机构及庞大的社会资本支持企业开展并购重组，并搭建交易平台如产权交易所、新三板，扶持商会协会发展，引导企业构建行业战略联盟、强强联合或者兼并重组，引导产业重组和企业并购打造行业龙头，推动一批有发展潜力的传统企业做大做强，并优化整合上下游产业链和产业组织结构，带动整个产业转型升级。

（四）创建区域统筹协调发展机制

重大产业项目对区位、土地空间、科技、人才、金融等综合服务的要求很高，必须依靠重大产业集聚区集聚各种功能要素以承载重大项目。为此，重点要加大重大产业集聚区的建设力度，有针对性地提高重大产业集聚区的承载孵化培育重大项目的综合服务功能，推动重大项目尤其是重大科技项目向产业集聚区集聚。

第一，松山湖高新区与生态产业园及周边镇区应加强资源整合，重点承载重大科技和先进制造项目。在产业布局上，松山湖高新区生态环境、政策环境和品牌效应突出，应重点集聚重大科技平台、现代服务业和重大高技术企业的总部和研发中心；生态产业园应充分利用区位优势，重点发展先进制造和高技术产业。周边镇街的产业集聚区，依托产业与生活配套优势，重点承载企业的加工制造环节，实现企业、园区与镇街的三方共赢。

第二，虎门港与周边镇区应尽快构建利益协调机制，合力发展临港重大产业项目。针对虎门港与周边镇街之间存在争项目、争企业、争土地、争资金、争政策、争人才等资源争夺乃至"内耗内斗"等突出问题，亟须借鉴先进地区的统筹管理经验，着力探索港镇联动、港镇合作等一体化建设机制，推动港镇共建临港产业集聚区，切实打破以行政区划为主导的块状经济，实现水乡功能区统筹发展。

（五）创新项目统筹协调管理机制

1. 创新项目审批管理机制

针对目前东莞建设项目行政审批涉及面广、行政办事效率不高尤其存在不同程度的互为前置条件现象，东莞为了提高重大项目管理服务水平，就必须建立全市统筹的基本平台，重点要成立政务服务中心和重大项目VIP服务室。其中，重大项目VIP服务室是对东莞市重大项目工作领导小组及其办公室的延伸，是重大项目工作走向群众服务的关键。主要职能是服务重大项目各项手续办理、跟进重大项目建设情况，为重大项目提供保姆式、贴心式的服务。在政务服务中心、行政审批管理信息系统尚未建立的情况下，为更好推进重点项目的建设，建议先行先试，借鉴成都市的做法，建立东莞市重大项目VIP服务室，由东莞市发改局派首席代表，国土局、建设局、环保局、规划局、经贸局等部门派驻主办员。

2. 强化项目跟踪服务制度

一是重点开发东莞市政府行政审批信息系统、重大项目管理信息系统和开发重大项目IC卡，着力精简审批事项，强力推进并联审批，实行审批集中，提高行政审批效率。

二是建立项目专项责任制，做到"一个重点项目、一名挂帅领导、一个服务保障机构、一套实施方案、一个联络员"跟进服务，确保每个项目有人抓、有人跟、有人督，实行倒排工期、倒逼推进、扎口负责，从始到终，一抓到底，确保进度。

三是强力推进项目建设进度。对在建项目，关键是确保建设进度，加强对建设进度的督查督办，及时协调解决项目施工过程中的用地拆迁、管线迁改和资金难题等方面的问题，特别是线性项目，涉及不同镇街（园区）的协调配合问题，统筹协调尤为重要。为此，重点要落实建设目标责任制，加强项目督导检查，并落实项目约谈制度。

3. 强化重大项目评估、跟踪管理及督导考评机制

一是实施前期评估，防止圈地项目。实行招商项目前期评估制度，评估内容主要包括项目的产业类型、投入产出、税收贡献、节能减排、投资主体、科技含量等，认真分析招商项目的投资实力及投资方案的可行性，切实掌握项目的真实开工建设计划，防止圈地项目落户，有效提高项目的签约率及履约率。

二是建立土地分期出让制度，加强用地管理。借鉴宁波经验，实行建设用地履约认定制度和分阶段权证管理。土地出让金按全额收缴后，颁发建设用地使用权证书给企业，注明项目开发建设期限、投产初始运行期限和转让限制条件。约定期限届满后，国土、税务、发改等有关部门对企业履约情况进行认定，企业不符合产业约定条件，或产能、年税收明显不足的，经东莞市政府同意后终止其土地出让合同，建设用地使用权按原出让价由政府收回。

三是制定奖励办法实施细则，提高履约积极性。加快制定《东莞市招商引资重大项目奖励办法》实施细则，在签订土地出让合同时，要将企业引进时承诺的重要指标完成计划（投资额、年产值、税收等）、项目建设进度等进行明确；将对企业优惠政策（税收优惠、用地指标、土地购置、设备购买、贴息贷款、高级人才奖励、企业员工子女就学等）的兑现与企业承诺的重要指标完成计划落实情况挂钩，明确兑现优惠政策详细操作流程和办法。

四是强化重大项目管理绩效评估和督导考评机制，建立并完善重大项目在决策、组织、实施过程中的公示制度和听证制度，重点建立目标管理问责制、进度倒排工期制，实施东莞市重大项目建设工作考评制度和重大项目绩效评估制度。

东莞检测业发展现状及机构改革
顶层设计研究[*]

随着我国经济增速放缓成为新常态，国家发展战略重点由快速增长转向质量效益。检测认证高技术服务业及检测设备制造业作为质量建设的关键环节，必然随着国家"调结构、转方式和惠民生"宏观战略的实施而加快发展。

一　国内检测行业发展态势及东莞加快检测机构改革创新发展的重要意义

（一）国内检测行业发展态势

1. 从宏观形势看，在经济新常态、"健康中国"和质量战略背景下，检测行业面临重大机遇

要确保国民吃得健康、喝得健康、穿得健康、用得健康，吃、喝、穿和用的各类产品质量成为"健康中国"战略实施的关键，由此检测行业包括检测服务及相应的检测设备制造业就成为实施"健康中国"的重头戏。

＊　本文原载《东莞咨政》2015 年第 7 期，由胡青善主笔完成。

据此可以预判，在经济新常态、"健康中国"及质量战略背景下，未来检测行业将面临重大发展机遇。

2. 从行业结构看，国内检测机构比国外检测机构实力明显偏弱，国内政府检测机构更是面临第三方检测机构的激烈竞争

目前，全球范围内的大型综合性检测机构基本上出自欧洲。近几年来，国际知名检验检测机构如通标（SGS）、天翔（ITS）、莱茵（TUV）、必维（BV）等纷纷涌入我国检验检测市场，凭借其国际品牌影响力、雄厚的资金和技术力量支撑，快速形成了覆盖全国的网络化多元服务布局，并不断增加其市场份额。

国内检测机构主要包括政府检测机构、第三方检测机构和企业内部实验室三种。其中政府检测机构以保护人民生命财产安全为目的，其业务来源主要在市场准入、监督检验检测、3C认证、生产许可证、定检、评优、免检等方面。

我国检测行业机构虽然多，但技术能力、管理水平和市场竞争力普遍较弱，尤其拥有政府部门背景的各类检测机构多为隶属于政府相关部门的事业单位，其资源配置主导权分散掌控在不同层级、不同行业的政府部门手里，较少参与市场竞争，普遍存在体制机制僵化、成本意识不强、机构重复建设、资源利用率低、创新动力不足及综合竞争力较弱等诸多问题。相比之下，一些外资乃至民营检测机构竞争力不断增强，远超国内政府检测机构。

3. 从技术创新看，检测服务业及检测设备制造业是高技术密集型行业，是创新发展的重点领域

检测设备是检测服务机构从事生产服务的必要工具，是衡量实验室技术能力的重要指标。目前国外检测设备行业发展呈现以下特点。

第一，新技术应用普遍。目前，检测企业普遍采用电子设计自动化、计算机辅助制造、计算机辅助测试、数字信号处理、专用集成电路及表面贴装等技术。

第二，产品开发准则正在变化。从技术驱动转为市场驱动，从一味追求高精尖转为"恰到好处"。开发一项成功产品的准则是：用户有明确的需求；能用最短的开发时间投放市场；功能与性能要恰到好处。

第三，产品结构发生了变化。在重视高档仪器开发的同时，注重高新技术和量大面广产品的开发与生产。注重系统集成，不仅着眼于单机，更注重系统、产品软化。

第四，注重专业化生产。生产过程采用自动测试系统。目前多以 GP-IB 仪器组建自动测试系统，生产线上的测试柜快速地进行自动测试、统计、分析、打印出结果。

第五，检测设备联网发展。"互联网+"的力量正推动检测服务行业实现用户自组织、线上线下一体化，促进检验认证资源配置优化、行业健康发展。

4. 从改革趋势看，市场化发展已经成为检测行业发展趋势，各地政府顺应趋势、贯彻国家政策，加快推进政府检测机构改革

针对我国政府检测机构发展中的问题，在 2013 年全国"两会"期间，时任国务院副总理马凯在《关于国务院机构改革和职能转变方案的说明》中即提出要"整合业务相同或相近的检验、检测、认证机构，解决这些机构过于分散、活力不强的问题"。2015 年 3 月中央编办和国家质检总局更是联合下发了《关于整合检验检测认证机构的实施意见》（以下简称《意见》），加大力度推动政府业务相同或相近的检验、检测、认证机构整合工作，扎实推进检验检测认证高技术服务业做大做强。

全国各地积极贯彻国家有关文件精神，抓紧谋划政府检测资源整合和市场化改革及行业创新发展。广东省内如广州、深圳都在抓紧谋划检测机构改革和行业发展。其中，广州大手笔规划建设"一区三园"（即广州检验检测高技术服务集聚区萝岗园区、南沙园区和番禺园区）作为广州检验检测高技术服务集聚区，重点依托广州萝岗园区及中新广州知识城的园区产业优势，将萝岗园区打造成为国家级的检验检测及认证示范。深圳已初步制定检测机构改革方案，拟推动深圳有关检测机构直接转企改制为混合所有制企业。广东省外，如湖北省宜昌市大胆探索，勇于创新，打破部门壁垒，力排体制障碍，以原宜昌市质检所为依托，整合市质检所、药检所、粮油检测中心机构职能、资产设备和人员编制，组建三峡食品药品检验检测中心、三峡产品质量检验检测中心（以下简称"三峡质检中心"），并逐步实施"1+N"政策，将农产品检测机构进行内部整合后成立宜昌市农产品检验检测所，加挂"三峡食品药品检验检测中心农产品检验所"牌子，业务上接受三峡质检中心指导，待条件成熟后归并到三峡质检中心。宜昌市通过组建综合性公共质量检测服务平台，有效整合了全市检验检测技术资源，实现了检测与监管分离的目的，大幅降低了行政成本，提高了机构运行效能。同属于湖北省的京山县，更是将质监、食品药品、粮食等7个部门的8家检验检测机构整合成一个统一的集高端检测、计量检定、标准制定、分析诊断、风险预警、研发创新、咨询培训功能于一体的京山现代化检验检测中心。这一举措彻底改变了京山县检测平台过去"检不了、检不出、检不准"的状况，既实现了资源统一配置，又为企业减轻了负担，避免了政府部门"既当裁判员，又当运动员"的尴尬。

（二）东莞加快检测机构整合改革的重要意义

1. 检测机构整合改革是东莞建设质量强市和促进转型升级的重要抓手

检测认证业因具有覆盖面广、技术含量高、创新能力强、发展潜力大、辐射带动作用大等突出特点，被国务院列为高技术服务业和重点生产性服务业。东莞作为制造业城市，推动检测机构整合改革创新和检测行业创新发展，通过发挥检测机构的检验检测、科技研发中试、标准汇聚与制定、检验技术与检测方法研究、高端人才汇聚、专业技术培训等一系列平台作用，可以为企业尤其是中小制造业企业降低检测认证和创新成本，降低企业质量风险，提高产品质量和自主创新等核心竞争力，有力推动东莞建设质量强市，实现企业和产业转型升级。

2. 检测机构整合改革是激活政府检测机构活力和竞争力的有效途径

东莞市检测行业与国际接轨较早，发展水平走在全国前列，但政府部门下属检测机构分散在质监、检验检疫、农业、建设、卫生、环境、水利等部门和单位。这些机构长期依靠政府供养和特权经营，存在规模普遍偏小、布局结构分散、重复建设严重、体制机制僵化、行业壁垒较多、条块分割明显、服务品牌匮乏、市场竞争力明显不强、难以适应现代市场体系和转变政府职能要求等诸多问题。当前，东莞要有效解决政府检测机构资源过于分散、发展活力不强等问题，应积极争取广东省政府支持，理顺体制关系，并借鉴先行城市经验做法，立足自身优势，加快推进政府检测服务机构整合改革。同时，针对经济增速放缓、检测产能过剩、机构恶性竞争等突出问题，东莞亟须创新政策，通过政府职能转移和购买服务等方式，推动市检测资源联盟协会强化行业自律，提高检测资源利用效率，提升行业发展水平。

3. 检测机构整合改革是带动检测行业创新发展的重要引擎

检测服务与检测设备制造业关系密切。为适应国际市场尤其是发达国家对产品质量的要求，庞大的加工贸易必然带来庞大的检测市场需求，从而带动检测认证服务业发展。东莞作为国际加工制造业城市，加工贸易占据主导地位，产业和企业国际化程度非常高，由此吸引了国内外许多检测认证机构在东莞集聚发展，检测行业已发展成为一个有举足轻重地位的高技术服务业。而与检测服务紧密相关的检测设备制造业即仪器仪表行业，更是装备制造业中的重要领域。目前，国内一些城市包括上海、广州（主要是海珠区、黄埔区）、深圳、苏州纷纷把检测认证高技术服务业作为重点新兴产业进行支持。东莞松山湖高新区目前也依托全市产业和科技平台等各方面优势，正积极申报检测认证高技术产业基地。可以预见，随着国内检测认证及检测设备制造业的加快发展，东莞凭借现有产业基础，在未来的产业竞争中有望获得更大发展空间，找到全市新的经济增长点。

表 1　2013 年松山湖园区检测服务企业发展情况

序号	企业名称	2013 年主营业务收入 （万元）
1	东莞市质量监督检测中心	7887.5
2	东莞华中科技大学制造工程研究院	4054.4
3	西迪士质量检测技术服务东莞分公司	2438.99
4	东莞市中鼎检测技术有限公司	1612.1
5	东莞电子科技大学电子信息工程研究院	1338.8
6	东莞理工学院标准检测公司	1100.1
7	东莞市质量检测服务中心	230.13
8	东莞新吉凯氏测量技术有限公司	45.26
9	东莞市三鼎产品检测服务有限公司	158.08
10	东莞市东电检测技术有限公司	559.69
11	东莞市迅捷汽车综合性能检测有限公司	236.09
12	东莞成电精工自动技术有限公司	740.53
13	东莞市鲲腾检测技术有限公司	78.78
14	东莞立创华科检测技术服务有限公司	513.64
15	东莞华创环保检测技术有限公司	2.33
16	东莞斯富特检测技术服务有限公司	新注册
17	东莞市万创工程检测有限公司	新注册

资料来源：笔者根据网站资料进行整理而成。

二　东莞检测服务业发展状况与存在问题分析

（一）东莞检测服务机构发展概况

东莞市检测服务机构包括政府检测机构、第三方检测机构和企业内部实验室三类。目前东莞获得中国合格评定国家认可委员会（CNAS）资质认可的实验室有 144 家，取得中国计量认证（CMA）资质的检测机构有 60 家，其中，政府各部门下属事业或企业性质的检测机构 16 家，第三方检测机构 40 家（包括民营检测机构和外资检测机构），企业内部实验室 90 家。[①]

　　东莞市政府部门下属事业、企业性质的检测机构共 16 家（见表 2），营业额暂时无法全面统计。其中，东莞市质监系统的检测机构包括由市质监局直接管理的广东省东莞市质量监督检测中心（以下简称"质检中心"）和广东省东莞市质量技术监督标准与编码所（以下简称"标码所"），由广东省垂直管理、东莞市支持建设的有广东省特种设备检测研究院东莞检测院（以下简称"特检分院"）和广东省计量科学研究院东莞计量院（以下简称"计量分院"）；其他机构分属于检验检疫、农业、建设、卫生、环境、水利等部门和单位，除东莞出入境检验检疫局检验检疫综合技术中心属于国家垂直管理外，其他均为东莞市直部门的下属机构。从从业人员、资产规模、业务收入和检验项目等情况来看，东莞市上规模的政府检测机构主要有质检中心、计量分院、特检分院、建设工程检测中心、疾病预防控制中心等。

表 2　东莞市政府部门下属检测机构基本情况

单位名称	从业人员	资产规模（万元）	业务收入（万元）	检验项目（项）	检验报告（份）
广东省东莞市质量监督检测中心	238 人	40000	7887.5	1956	70000
东莞出入境检验检疫局检验检疫综合技术中心	84 人	8000	243	4407	24710
东莞市海洋与渔业环境监测站（东莞市渔业质量监督检验站）	33 人	2000	政府核拨	20	3500
东莞市水利工程质量检测站	28 人	580	560	26	1000
东莞市建设工程检测中心	271 人	4000	5000	58	80000
东莞市环境监测中心站	101 人	2450	政府核拨	9	1600
东莞市动物疫病预防控制中心	38 人	300	政府核拨	6	800
东莞市无线电监测站	7 人	432	政府核拨	16	400

---

①　数据来自东莞市质量监督管理局。

单位名称	从业人员	资产规模（万元）	业务收入（万元）	检验项目（项）	检验报告（份）
东莞市农产品质量安全监督检测所	27 人	1800	229	50	10000
东莞市疾病预防控制中心	200 人	7000	政府核拨	19	4500
东莞市食品药品检验所	54 人	2100	政府核拨	7	930
东莞市职业病防治中心	37 人	4000	200	73	1000
广东省特种设备检测研究院东莞检测院	236 人	15000	13700	38	100264
东莞市水务监测中心	22 人	1300	政府核拨	186	1160
广东省东莞市质量技术监督标准与编码所	50 人	292	500	1	88
广东省计量科学研究院东莞计量院	192 人	2300	4500	288	100000

资料来源：东莞市质监局。

第三方检测机构，包括港台及欧美资本和民营性质的检测机构，其中以港资检测机构较多。东莞加工贸易业务较发达，受外贸商委托所产生的检测业务规模很大。香港贸易业务发达，港资检测服务水平较高，具有很强的国际化优势，因而成为东莞市检测服务业的重要力量。不过 2008 年世界金融危机以来，随着外贸业务的增长放缓，外资检测机构的增长速度也有所放慢；相反，随着外贸转内销业务加速发展，以及我国对质量建设的日趋重视，内资尤其是民资检测机构呈加快发展态势。

东莞与检测认证高技术服务密切关联的检测设备制造业（仪器仪表制造业）已具有较大规模，产值占整个电气机械及设备制造业的 6% 左右；同时，因为检测服务业属于高技术服务业，所需检测设备相比全市其他行业，技术水平普遍较高，一些检测设备产品涉及声光机电及自动信息化多种技术，技术集成能力较强，行业内有相当一批企业属于高科技企业。但由于检测设备制造业涉及产品种类广，同时同类产品市场规模并不大，检测设备制造类企业规模普遍不大，以中小企业居多。随着检测认证高技术服务业的加快发展和国内检测设备加快替代国外进口设备，国内检测设备制造业发展空间会不断扩大。

（二）东莞检测服务业存在的突出问题

东莞是世界性的制造业基地，加工贸易发达，第三方检测机构尤其外资检测机构有了很大的发展。东莞市的检测实验室无论是政府创建的，还是外资、民资创建的，由于缺乏统一的政策引导，实验室多而不强、资源重复建设、机构之间恶性竞争等问题非常突出。

一是各类检测机构多为中小规模，综合服务能力不强。目前，东莞市各类检测机构面向客户时往往充当技术专家角色而不是服务行家角色，检测机构服务深度和广度有待提升。国外测试机构不仅能测试客户样品和出具测试报告，还可提供定制增值服务，为客户找出问题并提供全方位解决方案。这是东莞市检测机构普遍缺乏的，尤其是高新技术检测的需求方很难找到能解决问题的服务机构。同时东莞市检测机构信誉、品牌和网络服务仍然薄弱，缺乏具有广泛知名度的东莞检测品牌。尤其是部分政府检测机构如特检分院、质检中心、计量分院和建设工程检测中心等虽已具有一定规模，但长期依赖政府支持，受体制机制限制，与第三方检测机构尤其是与外资机构相比，无论是用人机制、竞争意识、服务水平、成本控制、专业技术和承接国际业务等各个方面都不具有竞争优势，综合服务能力有待增强。

二是行业内部竞争激烈，行业规范性不足。目前东莞市政府支持建设的检测机构，以事业单位建制隶属于卫生、农业、建设、质监、环境等政府部门，从严格意义上说，这类机构已非纯粹的政府检测机构。其中，从财政保障上看，东莞市财政给予事业单位投资建设方面的支持，但并未实现全额财政供养，大部分政府检测机构需通过面向市场提供增值服务来维持机构运作；从服务对象来看，大部分政府检测机构在满足政府部门检测需求的基础上，都依靠对外拓展市场业务来实现创收。总体上，政府支持建设的检测机构参与市场业务，直接造成了检测市场的不公平竞争，部分检测机构难以避免依赖行政资源拓展市场业务，挤压了私营检测机构生存空间。而部分中小民营检测机构缺乏政府检测机构和外资检测机构的技术、品牌、信用等优势，在市场竞争中处于不利局面，为求生存不惜采取不检测直接出具合格报告、欺骗企业多检无用项目等恶性竞争手段，严重损害了检测机构"独立第三方"的信誉和形象。

三是政府检测机构存在重复建设、资源浪费问题。政府在支持公共检测机构建设时，主要是依据行政监管领域来划分，而不是按照检测业务来划分，重复建设问题突出。如涉及食品安全的检测，卫生、农业、质监、食品药品、海洋渔业、出入境检验检疫等各领域的检测机构都按照食品检测体系建有相对完备的检测实验室，在检测能力特别是基础检测能力上，重复建设和资源利用低效问题突出；卫生健康方面，同属于卫生部门的疾控中心职业卫生科和职业病防治中心的机构、人员和职能至今未能整合；工程建设和环境检测方面，水利工程质量检测站与建设工程检测中心属同类业务，东莞市环境监测中心站与水务监测中心同样存在资源重复建设的问题。

四是政府支持建设的企业内部实验室资源利用率很低。东莞近年来大力实施"科技东莞"工程，支持企业建设了一大批内部实验室，但这些企业内部实验室因为缺乏第三方资质，检测资源仅限于企业内部使用，资源利用率总体都很低，且与第三方检测机构同样构成资源重复建设。

三 东莞加快推进政府检测机构整合改革的动力和阻力因素分析及顶层方案设计

为了推动地方政府检测机构整合改革，应在充分摸清家底的基础上，进行可行性尤其是阻力因素分析判断，有针对性地设计整合改革的顶层方案。

（一）政府检测机构整合改革的动力和阻力因素分析

推进政府检测机构改革有很强的动力，也面临较大的阻力。总体上，动力大于阻力。如改革策略得当，在国家政策和市场环境等各种有利因素的推动下，做好顶层设计，有效化解阻力，稳妥推进政府检测机构整合改革是切实可行的。

一是从政策层面看，国家强力推动政府检测机构整合，各省份贯彻落实国家政策要求势在必行。目前，广东省质检系统检测机构整合政策方案尚不明确，东莞市请求将现质检部门属于省垂直管理的特检分院、计量分院同步调整为属地管理，也尚未得到肯定答复。但考虑到东莞市工商、质检部门由垂直管理调整为属地管理已经确定并很快实施，原由广东省垂直管理的特检分院、计量分院按理应相应调整为属地管理；且因为目前涉及企业的法检业务实行免费政策，所免费用由财政补贴，广东省政府为降低省财政负担，应愿意将特检分院、计量分院随同东莞市质监局调整为属地管理，并由地方承担财政补贴。

二是从政府检测机构改革意愿看，虽然检测机构跨部门、跨业务情况复杂，但由于东莞市事业单位改革较早，对进一步推进机构整合改革总体上已形成共识。其中，部分检测机构如质检中心和建设工程检测中心，因承接市场委托业务较大，市场化程度较高，比较容易接受转企改制成为国有控股的混合所有制企业，参与市场竞争，走市场化发展道路；部分检测机构如计量分院目前经营的检定（法检）业务与校准（商检）业务总体持平，约各占50%，其中，检定业务公益性很强，不适宜企业化管理，应继续保留公益事业管理体制，但可剥离市场化的校准业务，参与整合改革；部分检测机构如东莞市职业病防治中心认为，政府检测资源不能再分散投资，应加强顶层设计整合改革，着力打造一个权威的检测机构（政府实验室），实现检测项目全覆盖和检测资源尤其是大型精密检测仪器设备共享。重点监督检测项目、关系到政府秘密和安全的检测项目，如不能一步到位进行检测机构整合，同行业整合是可以立即开展的。当然，也有部分检测机构领导明确提出，政府检测机构整合改革的根本目的是要降低成本、提高效率，如果跨行业整合不能起到应有的整合效益，靠行政手段强行捏合在一起，反而会导致不同业务之间的发展不平衡，达不到整合的应有目的。

三是政府检测机构整合改革牵涉的业务、人事及利益关系比较复杂，面临的阻力较大，但如果设计和策略得当，可化阻力为动力。从牵涉管理部门的业务看，目前各检测机构分属于各相关政府部门，如进行全市性的跨部门整合，必然要求去行政化管理，直接影响各部门的管理职能和部门利益，相关部门对改革的积极性估计不高。但如分阶段推进，先进行同类业务整合，在系统范围内整合检测资源，部门阻力总体可化解。从人事及利益关系看，目前事业单位性质的政府检测机构，因事业编制非常有限，普遍招聘了大量聘用人员，单位内部编制关系复杂，除部分事业编制人员希望保留现状外，大多管理者和员工都希望能够改变这种不公平的人事制度。对于现有事业编制人员，如果整合改革保留公益事业性质的政府实验室，不愿意转企改制的事业编制人员可继续保留现有身份和待遇，这种阻力同样可以化解。

（二）顶层方案设计

政府检测机构整合改革事关民生安全，且体制机制复杂、跨部门多、专业技术性强、人事关系复杂且涉及诸多矛盾问题和利益主体。因此，在改革过程中，务必吃透国家政策精神，积极借鉴先进经验和做法，充分权衡公益与经营、行政化与去行政化、纵向与横向、机构整合与机制创新、快速与稳妥、发展与规范等多方面关系，尤其应充分考虑公益与经营协调发展问题，全面深入谋划、多种方案、综合比选、慎重考虑、稳步推进。为此，本文给出三种方案，并加以综合比选，以便选出最优方案。

方案 1：按照"集团管理，转企改制"原则，将市属跨部门、跨行业的各类检测机构统一转企改制,并整合组建成国有控股混合所有制的检验检测集团公司。公司为政府下属国有企业,由国资委作为出资人,受市政府直接领导。在集团公司成立后,在公司内部对同类检测资源进行整合,大体按照生命、工程、产品、计量、标码、环境、防雷、水务、无线电、特种设备等十大类别组建10个全资子公司,按照现代企业模式进行管理,由集团公司统一负责财务、投资、工青妇和人事纪律方面的管理,重大事项由董事会决策,具体业务由各公司独立负责完成。

这种"一刀切"和"一步到位"式的整合改革方案,能有效整合各类检测资源,形成综合性检测集团,并进行统一管理,彻底革除目前部门分割、事企不分、人事关系复杂、检测资源利用效率不高、检测成本高、业务发展不平衡及缺乏市场竞争力等一系列问题,其综合优势非常明显。具体来说,一是集团整合后,因为合并了同类业务,从而有利于减少内耗,统一调配资源、提高检测资源利用效率,并形成规模效应,降低检测成本,同时可以厘清人事关系,激发专业技术人员的劳动积极性和创造能力,增强市场综合竞争力;二是集团整合后,政府可以转变投入和管理方式,改财政预算拨款为政府统一购买服务。具体操作,可由各部门根据自身市场管理业务需要,申请财政预算,并统一由财政转账给集团公司;同时由业务管理部门根据业务情况,对集团各检测公司进行绩效考核,绩效考核结果与购买服务拨款、企业员工收入紧密挂钩。这样通过转变财政投入方式,达到了转变管理方式的效果,不仅实现了去行政化目的,且有利于加强对检测机构的统一管理;同时,也从经济效益上激发了企业和员工的积极性,推动了政事企分离,责权利分明,这有利于改革平稳推进。

当然,有其利必有其弊,有利因素虽明显,问题也比较突出。具体来说,这种"一刀切"和"一步到位"式的改革,主要针对检测业务分类整合,没有针对公益事业和市场业务进行分类整合;且因为跨部门整合,涉及的业务比较复杂,对部门利益触动比较大,也未能细致考虑目前事业单位内部复杂的人事关系,改革将面临部门领导和部分原事业编制员工比较大的阻力。因此，如何妥善处理这两种关系是该改革方案的关键。

方案2：按照"事企分离、分类整合"原则，将市属检测资源分类改组成政府实验室和检测集团公司。针对方案1存在的局限性，方案2主要按照公益性和经营性进行分类整合。其中，针对公益性强的检测机构或资源着力整合成政府综合性实验室，主要承接政府委托的强检业务，不参与市场经营，按照公益事业单位进行管理，纳入财政预算管理，可参照购买服务方式进行绩效激励和考核；对经营性强或者易于采取购买服务方式的检测机构和资源进行整合，并转企改制成国有企业，时机成熟时可进一步通过引入外部资本和管理层持股等措施，向混合所有制企业转型，独立核算运营、自负盈亏、全面参与市场竞争，优先作为政府服务购买对象。

这套方案能够比较有效地弥补方案1的局限性，继续保留事业单位，作为政府的技术保障，同时把事业单位与企业经营彻底分离，有效兼顾了公益事业与市场经营两个方面，也有效减轻了事业单位转企改制的压力。但这种方案同样也存在缺陷，主要是目前检测机构和检测资源分散在各部门、各行业，要将现有检测资源包括人才、技术和资源分离到政府实验室和检测公司，操作上存在一定难度。同时，将跨部门、跨行业的检测资源整合成为一家政府综合性实验室，其整合难度和后续管理也比较复杂。为避免上述问题，在具体操作上，可考虑将公益性较强、业务关联性强的疾病预防控制中心（以下简称"疾控中心"）、食品药品检验所、农产品质量安全监督检测所、动物疫病预防控制中心、职业病防治中心等与生命安全高度相关的检测资源整合组建成为事业性质的政府实验室；将其他经营性较强的如产品、工程、设备、环境、校准、无线电等与企业发展高度相关的检测资源整合成为混合所有制的检测认证集团公司。

方案3：按照"同类整合，稳步推进"原则，逐步推动检测机构转企改制参与市场竞争。考虑到部分检测机构直接关系民生安全，为稳妥推进改革，可采取逐步稳妥推进方案。即采取"先经营后公益、先部门内后跨部门及先自愿后强行"的原则进行，具体来说，可先推动质检系统中的质检中心、计量分院、标码所和特检分院四家检测机构整合成混合所有制性质的检测机构；推动工程领域的建设工程检测中心、水利工程质量检测站等相关检测机构跨部门整合成混合所有制性质的检测机构；推动食品药品检验所、农产品质量安全监督检测所、动物疫病预防控制中心、渔业质量监督检验站及同属于卫生系统的疾控中心的职业病防治科室与职业病防治中心进行整合，并继续作为公益事业单位运行；其他如环境监测中心站、水务监测中心和无线电监测站等机构，因为规模不大、业务比较单一且与部门业务关系非常密切的机构可继续保留现状，暂不纳入整合改革范围。

该改革方案在一定程度上兼顾了方案1和方案2的优势，在操作层面，因为同在系统内或相关部门之间进行同类业务整合，改革面临的阻力要小很多，各检测机构之间知根知底、观念认同度比较高、人事关系容易处理、业务磨合也比较快，且对于部分适宜事业单位的机构继续保留现状，这样大大减少了改革的阻力和负面效应。当然，既然是改革，必然涉及利益调整，尤其是跨部门检测机构的整合，必然涉及部门利益调整和改革后管理部门与检测机构之间的业务衔接问题，因此同样需要充分征求意见、慎重考虑。

（三）整合改革方案综合比选及推进步骤

综合比选三种方案，我们认为，三种方案各有优势，相对而言，方案3改革力度较小。考虑到检测机构整合事关民生安全，在目前东莞市行政管理改革还面临诸多不确定因素的情况下，方案3阻力较小，比较稳妥且有比较大的回旋空间，在改革取得明显成效后，可再进一步向方案2目标推进。

在具体操作上，考虑到检测机构改革跨部门、跨行业，情况比较复杂，面临的阻力较大，建议将其纳入东莞市重大改革领域，由东莞市改革领导小组统筹决策，由东莞市改革办直接负责，进一步盘清资源，统一制定改革方案，充分征求各部门及检测机构意见，并制定综合配套政策，由易而难、分步骤稳步有序加以实施推进。在整合改革过程中，应立足东莞发展实际，抓住核心问题，理清体制关系，坚持"事企分离、横向整合，公立为公、市场为主和抓大放小、稳步推进"主要原则，积极争取将东莞市作为开展检测认证业整合建设试点，对事关国计民生、分属于不同部门的相同产品的检验检测认证职能进行整合，建设多学科、交叉学科、集成技术的综合型检测技术机构，努力激活检测机构的活力与动力、提高资源利用效率和市场竞争力，并以建设检测资源联盟协会为抓手，优化行业资源配置，强化行业自律，提高检测机构服务效率和行业发展水平，争当全国改革试验田、先行区。

四 东莞推动检测认证业加快发展的政策建议

（一）加快推进检测资源整合，分类改革促发展，落实责任促监管

一是科学编制检测服务及设备制造业发展规划。建议由东莞市政府或相关部门牵头，科学编制东莞市检测和认证业"十三五"发展规划。其中，对于横向整合后保留的公益一类检测机构，按照政府检测机构模式管理，实行财政完全供养，建设成为政府独立的技术智囊库和政府实验室，完全属公益性质，并按高水平标准建设，为政府决策和监管提供最先进、最可靠的技术支持。同时，鼓励国营、民营、外资、混合所有制等多种性质的股份制检测和认证机构发展，让市场机制在私营检测和认证业发展中起决定性作用，让私营机构逐步成为行业主体。支持有条件的检测机构做大做强，创立品牌。加强行业监管和行业自律，保持检测机构"独立第三方"的信誉和形象。抓住检测和认证行业逐步向市场开放的契机，吸引知名认证机构落户东莞，推动东莞市认证业快速起步，跨越式发展。对于政

府检测机构不能满足的检测服务，政府可采用招标方式购买私营检测和认证服务。

二是加强检测行业的规范建设。公信力是检测行业发展的生命所在。在加快推进政府检测机构整合改革和东莞市检测行业创新发展的同时，一方面应推动检测机构强化自我管控能力，推动检测资源联盟协会成立行业协调、决策机构，制定联盟章程和管理办法，建立信用评价、投诉处理等机制，及时处理和清退恶性竞争、违规经营单位，营造健康、有序、诚信、守法的竞争环境，突出"独立第三方"的要求，推动行业自律发展；另一方面政府应创新构建监督管理制度，针对行业发展恶性竞争和发展不规范等问题，加强执法、严厉执法，坚决杜绝检测机构出具虚假检测报告现象。

三是支持检测资源联盟协会发挥平台作用。借鉴国内先进经验、做法，切实转变过去以政府部门直接投入为主的扶持方式，着力强化政府购买服务，并通过推动行政管理职能向行业协会转移等方式来推进检测行业发展。改革后，政府强制性检测业务应逐步面向市场公开招标，通过政府购买服务方式激励检测行业有序发展；同时，为强化行业协会的凝聚力和自律能力，政府可通过设立企业检测政策补贴基金，由相关部门与检测资源联盟协会通过制定管理办法共同管理政策资金，重点对加入联盟协会并规范服务的企业进行补贴，对不公平竞争尤其是做假报告的企业不予以补贴。同时，支持联盟协会成立实体公司进行运营管理，统一建设"质汇网"，完善网站功能建设和信用评价、投诉处理机制，广泛吸纳检测机构入网，逐步推出检测团购、检测订制等个性化服务，建立信息数据库，提供科研成果验收、认证、技术标准、贸易壁垒预警等全方位服务，全面激活当地及周边地区的检测服务需求，将其打造成为东莞市检测业电商平台。

四是改革检测服务业发展配套政策。要加快推进检测服务业的市场化进程，积极支持第三方检测机构发展，培育一批综合性的检测机构，并制定具体可操作的相关配套政策进行支持。一是明确检测机构整合方向，完善细节法规及配套人、财、物安置办法。制定鼓励扶持系统内与系统外融合办法，避免单纯的物理整合。二是推进混合所有制改革，明晰国有资产核算办法，完善国有资本的进退机制。三是完善政府购买服务方式。出台高新技术检测企业财税扶持政策专门的认定办法。

（二）推进产业链前后整合，以协同创新助发展，以"互联网+"助创新

一是鼓励检测服务业向检测仪器研制应用拓展。检测人员作为仪器的使用者与仪器的发展具有深度融合的伴生关系。检测人员在工作中积累了丰富的仪器应用经验，而很多仪器的优化与改善正是以这些经验与需求为起点的。同时，在新材料领域进行前沿材料研发测试的科研人员自行开发检测仪器，已经成为新材料科学研究的常规方式，完善科学仪器自主创新"原理研究、技术开发、工程化研制、应用示范"全链条的检测仪器研制应用评价成为检测服务业拓展的一项新的服务内容，也是整个产业链协同创新的必然趋势。

二是与行业龙头企业协同创新。检测机构要主动接近行业龙头企业，紧跟新标准、新技术、新趋势，形成系统应对方案；掌握最新技术动态，提供深度服务解决方案。检测机构要适应行业发展需求，为企业提供深度服务，完善成套服务体系。检测机构在为企业产品提供检测服务的同时，应积极关注企业生产过程中的检测业务需求，加强技术信息交流，协助企业提高测试技术及实验室管理水平。培育检测机构实验室的建设能力、前沿动态技术跟踪能力和质量控制服务能力，为企业开展深度服务。

三是利用"互联网+"技术推进协同创新。加强信息化建设，布局集成服务，完善检验检测行业生态体系。推动行业技术共享平台建设，支持行业龙头企业建设一个平台、多种专业应用服务、多种专业资源服务的

"1+N+N"的"工业云"服务体系，深度整合各种创新型产品、材料和检测技术资源，聚集个人和企业创新成果，推动企业从云端获取生产工具和生产资料，降低企业的创新成本和门槛，改变企业的创新模式。提高检测机构内部信息化程度，利用互联网技术，参与电商业务。鉴于检测对样品的要求千差万别，检测机构开展O2O业务存在一定困难，但检测机构应积极参与电商业务。在利用电商平台提供业务宣传展示的基础上，检测机构还可参与电商业务后端的验厂服务、验货服务以及电商后台质检服务等。

（三）推动行业集群化发展，鼓励并购扩规模，激励投入提实力

一是把松山湖高新区打造成为检测服务业发展基地。依托松山湖高新区的优势，完善创新创业服务体系建设，积极发挥财政资金的杠杆作用，利用创业投资引导基金、创新基金等资金渠道加大对高技术检测服务机构的支持力度，并引导社会资金投向高技术检测服务业，着力培育一批创新能力强、特色突出的高技术检测服务业企业，引导形成以质检中心为核心，中小企业协同发展的高技术检测服务业集群。

二是帮助企业推行品牌发展战略。推动整顿行业无序竞争的状况，引导企业实施品牌发展战略。因为客户在选择检测设备时，精度、自动化程度等参数及价格都比较容易对比，但长期使用的稳定性是一个较难以被量化的指标，做出来容易，做好很难，口碑的建立，需要经验的积累、技术的成熟和经受市场的考验。因此，检测设备行业的客户有偏向老牌厂家的动因。检测企业要加强研发力量的建设，通过创新产品和稳定质量来建立自己的品牌。

三是推动行业内企业并购重组。根据行业内企业规模小、产品同质化的问题，政府要引导行业内的企业并购重组，鼓励有一定实力的品牌企业并购一些小企业；通过建立现代企业制度，以股份有限公司的企业组织形式把小企业重组成有一定规模的企业。

四是推动产学研合作，加快新技术在行业内应用的速度。自动化、信息化、个性化和集成化是当前检测行业技术发展的主要趋势。要符合这种趋势，企业就要具备较强的知识整合能力，而且还要有高校和科研机构为其提供新知识。通过产学研合作，推动企业综合应用信息技术、自动化技术和系统工程技术，研发新产品来满足客户的新需求。

五是扶持发展检测设备制造业。依托检测资源联盟协会成立检测设备制造业分联盟，推动检测服务机构与检测设备制造商加强合作，为检测设备制造商免费提供场地并进行产品展示、测试，建立高效快捷的供需方对接通道。同时，借鉴"机器换人"思路，在"科技东莞"资金中设立专项资金，鼓励检测设备制造企业整合相关资源，发展检测设备租赁业务，进一步做大做强。

东莞推进供给侧结构性改革增强发展动力研究*

　　"十三五"时期，我国经济发展的显著特征就是进入新常态。新常态下，我国经济发展的主要特点是：增长速度从高速转为中高速，发展方式从规模速度型转向质量效益型，经济结构调整从增量扩能为主转向调整存量、做优增量并举，发展动力从主要依靠资源和低成本劳动力等要素投入转向创新驱动。谋划和推动"十三五"时期经济社会发展就要把适应新常态、把握新常态、引领新常态作为贯穿全局和全过程的大逻辑。可以说，推进供给侧结构性改革是我国适应和引领经济发展新常态的重大创新和必然要求，是适应综合国力竞争新形势的主动选择，对于优化经济结构，促进产业转型升级，保持经济平稳增长具有重大而深远的意义。

---

　　* 本文原载《东莞咨政内参》2016 年第 3 期，由胡青善与东莞市社科院张志民合作完成。本文数据主要来源于东莞市统计局、发改局、商务局、金融工作局、房管局、农业农村局及相关部门提供的调研材料。

一 推进供给侧结构性改革是适应新常态引领新发展的一项具有革命性意义的系统改革工程

（一）推进供给侧结构性改革是新常态下解决经济发展面临的深层次矛盾和问题而作出的主动选择

经过三十多年的发展，我国经济发展取得了举世瞩目的成绩，但也累积了一些结构性、体制性的矛盾和问题，主要体现在经济增速下降、工业品价格下降、实体企业盈利下降、财政收入增速下降、经济风险发生概率上升等方面。对经济外向度较高的东莞而言，随着世界经济的深度调整和国际市场需求疲软，东莞经济也不可避免面临着前所未有的困难和挑战，如在经济下行压力加大的情况下，部分行业和企业生产经营困难，过去被经济高速增长所掩盖的经济风险和社会矛盾逐渐显现等。当前经济发展所面临的种种挑战，既有供给侧的问题，也有需求侧的问题，但矛盾的主要方面在供给侧。比如，我国的一些行业和产业产能严重过剩，同时，大量关键装备、核心技术、高端产品还依赖进口，大量购买力支撑的消费需求在国内得不到有效供给，消费者将大把钞票花费在出境购物、"海淘"购物上。事实证明，我国不是需求不足或没有需求，而是需求变了，供给的产品供应不上，质量服务跟不上，有效供给能力不足带来大量"需求外溢"，消费能力严重外流。解决这些结构性问题，必须从供给侧发力，找准我国在世界供给市场上的定位，必须把改善供给侧结构作为主攻方向，实现由低水平供需平衡向高水平供需平衡跃升，必须通过优化要素配置和调整生产结构来提高供给体系的质量和效益，激发经济持续增长动力。

（二）推进供给侧结构性改革是新常态下顺应新的科技和产业发展趋势的迫切要求

新常态是在国内外各种复杂因素交织和综合作用下，我国经济在当前转型时期和过渡阶段呈现的一种必然现象。新常态面临许多严峻挑战，但也孕育着新的机遇，也给经济发展带来一些积极的趋势性变化。比如，以智能制造为代表的高技术制造业和先进性制造业加速发展，一些新技术、新产品、新业态、新商业模式大量涌现；互联网经济发展迅猛，新兴产业、服务业、小微企业的作用更加凸显，生产小型化、智能化、专业化成为产业组织新特征；市场竞争逐步转向质量型、差异化为主的竞争；环境约束趋紧，推动绿色、循环、低碳发展势在必行；大众化、模仿型消费正悄然变化，个性化、多样化消费渐成主流，健康、旅游、文化等新的消费需求持续扩大等。尤其新一轮科技革命和产业变革蓄势待发，大数据、云计算、物联网、机器人、3D 打印等都在孕育产业突破，新能源、新材料、高端装备制造等面临产业化发展的契机。国际经验告诉我们，一次次科技革命和产业革命带来生产力的巨大提升，创造着难以想象的供给能力，供给侧一旦实现了成功的颠覆性创新，市场就会以波澜壮阔的交易生成进行回应。为此，我们必须紧紧抓住新一轮科技和产业革命机遇，顺势而谋，顺势而为，顺势而进，在适应经济发展新常态中加快推进供给侧结构性改革，推动新技术、新产业、新业态蓬勃发展，打造经济发展新引擎，增添转型发展新动能。

（三）推进供给侧结构性改革是新常态下培植优势企业创造优质供给的重要抓手

企业是市场经济的基本细胞，是整合资源并创造价值效益的供给端，是形成供给体系的主体。新常态意味着企业优胜劣汰和加速分化，在市场加速出清的过程中，一大批新兴高端制造企业和"互联网+"优势企业因为能够适应和引领市场趋势，因而获得更多市场资源、更大的市场份额、更强的市场地位，在市场竞争中胜出。同时，也有一批企业因跟不上市场趋势而破产倒闭。比如手机生产行业，一些企业从生产端入手，坚持自主创新，瞄准高端市场，推出高端智能手机，满足了人们对更多样的功能、更快捷的速度、更清晰的图像、更时尚的外观的要求，国内市场占有率不断上升。相反，因为不能适应市场需求，名噪一时的摩托罗拉、诺基亚、爱立信手机，如今已风光不再，甚至成了过眼云烟。推进供给侧结构性改革，最根本的就是要把企业真正当作经济发展主体，放水养鱼，让企业去创造有效供给和开拓消费市场；就是要通过市场机制，淘汰落后企业和"僵尸企业"，培育发展具有创新动能和核心竞争力的优势企业。近些年来，为降低企业经营成本，支持企业创新创业，国家实施了一系列包括降税、降息、降价等降成本措施，尤其大刀阔斧地削减行政审批，大力推进税制营改增和新增企业注册制等改革举措，有效降低了企业经营成本，对提升实体企业经营信心发挥了积极作用。但同时，也要看到，推进供给侧结构改革，实现资源要素最优配置，本质上是一场重大的体制机制创新的系统工程，必须加强顶层设计创新和配套体制改革，进一步改革财税、金融和投融资体制，才能取得持久的成效。

二 东莞推进供给侧结构性改革面临的主要形势和实施的策略路径

推进供给侧结构性改革，具体要完成好"去产能、去库存、去杠杆、降成本、补短板"这五大重点任务。五大任务是一个系统设计，需整体推进。但具体到一个地区，又有所侧重，关键是要把握好"度"。东莞实施供给侧结构性改革，既要切实贯彻国家和广东省的战略精神，但又不可亦步亦趋，应立足东莞实际，把握东莞"三去一降一补"的实际情况，有的放矢，精准发力，辩证施策，打好供给侧结构性改革这场硬仗。

（一）东莞"去产能"面临的主要形势和策略路径

1. 东莞"去产能"面临的主要形势

近年来东莞着力推进产业转型升级，先进、高技术制造业和战略性新兴产业取得了较好发展，产业结构持续向高端化演进，与国内那些重化工业城市相比，东莞"去产能"的压力相对较轻。

2. 东莞"去产能"的策略路径

东莞"去产能"在实施策略上要按照企业主体、市场主导、政府引导、精准施策、标本兼治的原则进行。具体要坚持"四个结合"。

一是淘汰存量落后产能与严控新增过剩产能相结合。一方面，要制订落实好重点行业淘汰落后产能计划。以节能、降耗、减排为重点，倒逼水乡功能区造纸、漂染、洗水、电镀、制革、印花等行业高污染企业有序退出，依法依规关停污染严重、治理无望而又拒不进入定点园区的重污染企业。另一方面，要加强全市新增产能规划引导和空间布局管理。严格能评环评审查，抑制高能耗高排放行业增长，加强产能严重过剩行业的项目管理，对新增项目不得批准备案，不得办理土地审批和新增授信支持等相关业务。严格控制水污染重地和供水通道敏感地区高耗水高污染行业发展，全面取缔无证无照污染企业和小作坊，建立污染行业企业监管常态机制。

二是处置"僵尸企业"与盘活有效资产相结合。深入精准摸查企业情况，建立国有和非国有"僵尸企业"数据库。对市属国有和非国有"僵尸企业"要精准识别，分类处置。比如，对资不抵债、没有任何资产价值的市属国有"僵尸企业"要关停，在评估风险和成本的基础上，要履行相关程序，坚决实行清算破产；对具有资产价值或具有一定市场前景的市属国有"僵尸企业"要通过兼并重组、产权转让、资产置换等手段盘活资产；对失去自我发展能力和市场活力，严重亏损，扭转无望的非国有"僵尸企业"要引导实现关停破产；对于规模萎缩，经营不善，但现有资产和资源仍具有一定价值的非国有"僵尸企业"要引导采取兼并重组等方式盘活资产和资源，拓展经营空间。

三是引进优质项目和扩大对外投资相结合。进一步加强国际产业合作，拓展产业发展和转移空间。一方面，以松山湖国际机器人产业基地、中以国际科技合作产业园、两岸生物技术产业合作基地、中英低碳环保产业园等为重大平台载体，大力培育发展特色高端产业，积极引进培育高科技龙头企业。另一方面，鼓励有条件的企业扩大对外投资，与"一带一路"沿线国家和地区合作建成一批经贸合作示范园、生产基地、能源开发基地和研发中心，用好广东省"走出去"专项资金，鼓励和引导东莞市纺织、服装、家具、装备制造等技术成熟、国际市场需求大的本土生产能力向国际目标市场转移，延伸"东莞制造"产业链。

四是实行市场主导和加强政府引导相结合。推进"去产能"各项工作，处置"僵尸企业"、淘汰落后产能、化解过剩产能、推进国际产能合作，都要以企业为主体，遵循市场和经济发展规律，充分发展市场在资源配置中的决定性作用。但同时，也要更好发挥政府这只"手"的作用。在"去产能"中，政府要强化产业规划和政策引导，加强产业政策与土地、环保、财政、金融等政策的统筹协调，并落实好社会保障政策，扎实做好分流人员转岗、就业、培训、资助和民生保障工作。

（二）东莞"去库存"面临的主要形势和策略路径

1. 东莞"去库存"面临的主要形势

根据《广东省供给侧结构性改革去库存行动计划（2016—2018 年）》的工作部署，东莞被划为二类城市，去库存任务为在全部消化 2016～2018 年商品房供应溢出部分的基础上，化解 40 万平方米商品房库存，其中商品住房 10 万平方米，非商品住房 30 万平方米。2016 年东莞市有商品房库存 600 多万平方米，库存总量并不大。[①]

---

① 数据来自东莞市房管局。

2. 东莞"去库存"的策略路径

东莞开发商开发的商品住房"去库存"压力相对不大，但近年来工业地产、酒店等商业地产、出租屋、商铺等物业"去库存"压力进一步加大。因此，东莞"去库存"要针对自身实际情况，不仅抓好商品住房"去库存"任务，同时要盘活全市工业地产、商业地产、出租屋，要把着眼点放在满足新市民住房需求上，放在提高各类群众住房保障覆盖率上，放在促进城市更新和产业升级上，放在完善城市公共服务配套上。具体要做好"三个着力"。

一是着力拓展住房租赁市场，盘活存量资源。东莞各类企业较多，是外来各类人群和各层次人才集聚地，住房租赁市场仍有拓展空间。要围绕构建多层次、全口径的住房保障体系，将公共租赁住房保障范围拓展到符合条件的外来务工人员等非户籍常住人口，将住房保障覆盖到符合条件的各类人群。尤其要鼓励镇街购买或者租赁商品房当作学校教师、卫生院医生等人员的周转宿舍，鼓励高校尤其是民办学校、科研机构购买或租赁商品房解决人才住房问题，鼓励房地产中介服务企业大力发展专业化住房租赁业务，积极培育壮大住房租赁市场，满足各类常住人口的多层次住房需求。

二是着力推进"三旧"改造，加快城镇更新。东莞镇村旧厂房、旧商铺、旧住宅存量巨大，要创新现有的"三旧"改造政策，科学统筹实施旧厂房、旧商铺、旧住宅项目改造。加快轨道交通沿线"三旧"改造进程，通过将零散地块整合改造成相对连片的土地，为现代服务业和新兴经济业态发展提供载体空间。引导将工业和商业地产库存改造为孵化器、众创空间和产业转型升级基地。探索将符合条件的酒店改造为养老地产和休闲保障用房。加大农村（社区）旧住宅成片改造力度，大力推进幸福村居建设。

三是着力实施 TOD 策略，拓展公共配套服务。顺应深圳东莞同城发展趋势，加快推进东莞与深圳、惠州轨道交通设施网络的衔接与建设，加强城市轨道交通互通互联，重点针对临深区域发展加快的趋势，尽快开展临深区域的合作开发建设的研究和规划，构建合作开发机制，引导周边城市投资者到东莞进行住房消费或商业投资。抓住轨道交通建设机遇，大力实施 TOD 策略，以点带线，以线扩面，优化城市空间格局，提升城市发展水平。配合 TOD 策略的实施，加强城市重点片区公共资源均衡配置，合理布局城市片区公交站点、学校、医院等公共服务设施，构建便捷、高效、共享的公共设施体系，优化城镇功能布局。

（三）东莞"去杠杆"面临的主要形势和策略路径

1. 东莞"去杠杆"面临的主要形势

金融以逐利为目的，其功能如水，水润泽万物，无水则万物不生，水过量泛滥则如猛兽；又如杠杆，适度杠杆可支撑实业持续发展，过度杠杆则必大起大落。目前，国内金融市场问题多多，尤其互联网金融泡沫快速破灭已形成非常恶劣的影响。但目前由于实体经济不景气，金融之水难以导引到实业领域，在资本市场、房地产市场乃至农产品市场不时兴风作浪，给经济发展带来巨大风险。目前东莞政府、金融机构、企业等各部门的负债水平总体较为适度，杠杆率（负债率）相对不高，主要指标基本符合监管要求，金融风险总体可控。

2. 东莞"去杠杆"的策略路径

东莞虽有"金融绿洲"之称，金融业多年来贷存比不高，金融杠杆率较低，但由于东莞经济外向度高，容易受到国际金融市场冲击，所以东莞金融"去杠杆"切不可掉以轻心，要进一步强化金融风险防范意识，加强金融"去杠杆"工作统筹，更好促进金融业平稳健康发展，充分发挥金融服务实体经济和服务创新驱动的重要作用。具体要抓好"四个并举"。

一是合理控制金融杠杆与用活金融政策工具并举。一方面，要合理控制金融杠杆。银行等金融机构要进一步强化金融管控，重点加强对大宗商品贸易行业、房地产行业、集团客户、联保互保客户、大客户等授信客户的风险监测，关注相关客户的资金链状况。要高度关注并控制服务对象的杠杆水平，提高融资项目保证金比率，严控高杠杆、高风险融资项目，提高风险防范能力。另一方面，要用好用活金融政策工具。尤其是要用好、用活国家实行的再贴现、支小再贴现、差别准备金动态调整等货币政策工具，支持金融机构在风险可控的情况下制定差异化信贷政策，优先加大对小微企业、科技企业、战略性新兴产业等重点领域的信贷支持，进一步增强信贷投放结构与经济转型的协调配合。

二是降低融资成本与盘活社会资本并举。一方面，要想方设法降低科技企业、小微创新型企业等融资成本。如鼓励金融机构完善科技型企业信贷风险管理制度，通过知识产权、股权等新型抵押质押方式降低征信成本，鼓励银行机构建立服务小微企业的专营机构、专门网店，支持地方金融机构发起设立金融租赁公司、消费金融公司，加大对科技型、创新型、创业型小微企业的支持力度。另一方面，要盘活社会资本，优化融资结构，着力提高直接融资比重。如推动企业直接上市融资，引导发展股权投资基金（PE）、创业投资基金（VC）、产业投资、股权众筹等资金，拓展企业债务融资渠道，扩大保险资金运营规模，推广以特许经营权为主的PPP融资模式。

三是防范处置金融风险与支持金融创新并举。一方面，要加强政府与金融监管部门的沟通协调，建立跨部门、跨镇街的金融风险防范处置联动机制，完善金融风险预警监控、金融市场舆情快速反应、金融突发事件应急处置等机制，积极防范和稳妥处理各类金融风险。另一方面，要支持金融机构创新服务模式，完善金融服务平台，丰富金融产品体系，围绕创新驱动发展战略，提升金融服务功能，做大做强金融业，提升金融业增加值比重。

四是发展新兴金融业态与加强新兴金融监管并举。一方面，要大力发展创业投资基金（VC）、股权投资基金（PE）、融资租赁、融资性担保、小额贷款、消费金融公司等新型金融机构和业态。另一方面，要强化和落实对小额贷款公司、融资性担保公司、融资租赁公司、互联网金融公司等新兴金融组织的监管，提前介入并及时处置金融风险。

（四）东莞"降成本"面临的主要形势和策略路径

1. 东莞"降成本"面临的主要形势

营商成本的高低是决定产业资本流动的关键因素。东莞能吸引华为、大疆等高端企业落户，表明目前东莞的营商成本总体上仍具有较强的竞争力。但近年来东莞每年都有数百家企业关停或外迁，这表明制造业企业的运营成本压力较大。2015 年东莞规模以上工业企业实现主营业务收入12244 亿元，而成本费用总额高达 12046 亿元，每 100 元主营收入中的成本费用高达 98.4 元，可见制造业企业的运营成本总体偏高。[①]

2. 东莞"降成本"的策略路径

近年来，随着人工和要素价格不断上升，企业营商成本高企，部分制造业企业已开始迁移到综合成本更低廉的地区，东莞要围绕建设国际制造业名城、打造营商成本最优城市的目标，降低显性成本和隐性成本双管齐下，打出降成本组合拳，努力降低实体经济运营成本。具体要抓好"五个切实"。

一是切实降低制度性交易成本。严格落实国家和广东省全面清理规范涉企收费措施，以及相关涉企行政事业性收费免征措施，对清理减免后保留的涉企行政事业性收费实行目录清单管理，并向社会公开和接受社会监督。进一步规范行政审批中介服务收费，规范涉企经营服务性收费。

二是切实降低用工成本。统筹推进解决就业难和招工难问题，构建高效公共就业服务平台，支持开展各类招聘活动，促进批量就业，降低企业招工成本，鼓励企业组织员工参加技能培训并给予相应支持，支持高技能人才培养，推动高校与企业合作对接。

---

① 数据来自东莞统计年报。

　　三是切实降低税负成本。全面推进服务业"营改增",落实降低制造业增值税改革,落实小微企业一揽子税收优惠政策,全面落实高新技术企业减免税以及企业研发费用加计扣除政策。抓住东莞被纳入全国开放型经济新体制综合试点市等机遇,争取国家和广东省支持东莞市开展相关财税政策创新试点,给予东莞市税收优惠支持。

　　四是切实降低财务成本。鼓励银行等金融机构进行业务创新,合理运用多种货币政策工具,降低企业融资成本。进一步完善中小微企业信用信息和融资对接平台、中小微企业发展基金、企业融资政策性担保和再担保机构、企业信贷风险补偿机制等中小微企业投融资机制,切实解决中小微企业融资难、融资贵的问题。采取股权投资事后奖补等方式,支持企业进行新一轮技术改造,采取企业研究开发事后奖补、创新券补助、孵化器风险补偿金等方式,支持企业研发创新。

　　五是切实降低物流成本。鼓励运输组织采用先进物流技术,建设物流公共信息平台,提高物流运输信息化、智能化水平。支持重大物流基地、城乡物流配套中心建设,完善综合物流服务网络。加快推进东莞市物流标准化城市试点工作,加强物流设施设备信息平台和服务规范标准化体系建设,大力提高东莞市物流标准化服务商跨区域运营能力。

(五) 东莞"补短板"面临的主要形势和策略路径

1. 东莞"补短板"面临的主要形势

补齐经济社会发展的短板是东莞供给侧改革的重点任务。通过转型升级,东莞经济增长的质量、效益已有显著提升,但在创新能力、人才供给、基础设施、公共服务等方面,依然存在明显的短板和瓶颈,亟须通过供给侧改革加快补齐。

2. 东莞"补短板"的策略路径

无论在硬件配套设施建设还是软件服务方面,与先进城市相比,东莞还存在明显短板。从推进供给侧结构性改革、提高投资的有效性和精准性的角度出发，东莞补短板主要应做好"四个强化"。

一是强化城市综合配套设施建设。加快水电气路、新一代信息基础设施、新能源汽车基础设施、城市地下管网、城市交通配套基础设施、水利基础设施、生态环境基础设施等领域的重点工程建设，进一步提升城市综合配套能力。强化实施TOD引导策略，依托轨道交通枢纽站点，规划建设一批多功能高效率的大型城市综合体，并以此为空间载体，大规模集聚现代高端服务业，配套建设现代生活设施，形成以轨道交通为轴线的服务业集聚走廊，进一步促进东莞城市空间形态的优化和城市业态升级。

二是强化公共服务能力建设。积极推广政府购买服务和公共服务外包，创新多元化公共服务供给体制，消除公共服务供给的体制壁垒和制度壁垒，消除社会力量进入公共服务领域的体制性障碍，初步建立普惠制和积分制并举的基本公共服务供给模式。在明确产权的前提下，灵活运用财政补助、税收优惠等政策，按照"谁投资、谁受益"的原则，积极鼓励、引导、支持各类社会主体增加对社会领域的投入。鼓励民营主体进入公共服务供给领域，补充政府供给的不足，逐步做到能靠市场解决的，通过市场渠道解决；市场暂时不能解决的，政府先引导后退出；市场不能解决的，政府兜底保障。逐步形成以公共财政为主体、社会各方共同参与的公共产品供给机制，构建多元化、多渠道、竞争式的公共服务供给体系。

三是强化科技创新能力建设。充分利用建设珠三角国家自主创新示范区的契机，全力打造"1+2+N""创新轴—创新廊—创新网"的创新体系，加快把示范区建设成为东莞市的科技创新核心和高质量的创新平台载体。要大力推动空间科技城、松山湖国际机器人产业基地、中以国际科技合作产业园、中英低碳环保产业园等重大创新平台的建设，谋划布局一批重点实验室，引入高端科研资源，辐射带动周边镇街的创新发展。推进新型研发机构创新发展，支持行业骨干企业建设一批国家级、省级和市级技术研发中心、重点实验室、院士工作站和博士后科研工作站等，鼓励引进企业在东莞市建设研发总部或区域性研发中心，提升引进企业的本土化研发创新水平。引导企业加大科技创新投入，对企业研发投入和购买技术服务加大财政补助补贴，促进企业研发投入的持续稳定增长。

四是强化产业人才支撑体系建设。大力引进创新人才、技术人才、技能人才等各类产业人才，努力创造良好的发展环境，用好并留住人才。尤其针对企业"工程师"级的专业技术人才，应制定专项工作方案及专项政策，健全和完善以培养、评价、使用、激励为重点的技能人才工作体系，加大对企业人才尤其是技能型人才"育、培、引、用、留"等工作的财政投入力度，依托人力资源服务业，整合政府、企业、院校及中介等多方资源，创新构建"政府+中介机构+企业+院校"多方合作模式和合作机制，实行人才的定向引进和培养，共同解决东莞企业人才"育、培、引、用、留"各方面的问题，为东莞产业转型升级提供强有力的人才支撑。

三 东莞实施供给侧结构性改革的主要着力点及思路措施

供给侧结构性改革是中央针对新常态阶段的大局所提出的政策，与创新驱动、"互联网+"、"一带一路"和新型城镇化等紧密依存、相互支撑。东莞实施供给侧结构性改革，应立足东莞实际，有的放矢、长短结合，有针对性地化解短期问题，同时还要系统谋划长远发展。在实施过程中，应注重与创新驱动、机器换人、加工贸易转型等系列产业转型升级重大政策措施相结合；注重与"三规合一"、产城融合和区域组团等新兴城镇化战略措施及重大项目设施的同步；注重平衡协调短期稳增长与长期调结构、存量调整与增量发展、补短板与扬优势、政府引导与市场主体等的辩证关系。

（一）着力发展新经济，培育新动能，优化产业供给结构

不同于东北的重化工产业大多以国企为主，与政府关系密切。东莞市场经济发达，以外资、民资为主，对外依存度和市场依存度很高，企业因市场而生，也随市场而灭。市场千变万化，企业家对市场的熟悉程度远超政府。因此，除了国家政策规定应淘汰的落后过剩产能外，政府应尊重企业自主选择，可引导帮扶而不宜强加干涉。针对相当一批劳动密集型中端制造业企业，应着力落实"降成本"政策，通过推进"机器换人"和降低"五险一金"等措施降低企业人力资源成本，通过电商渠道降低企业营销成本，通过规范发展互联网金融以降低企业融资成本，通过改善营商环境帮助企业转型升级。因此，在"去产能"的同时，还应重点引导支持企业顺应国内消费升级和新一轮技术革命发展趋势，加快产品高端化、技术高级化和生产服务化方面的转型升级，提高产品和服务的供给质量水平。

1. 顺应消费升级趋势，推动轻工业消费品向品牌化、时尚化、高端化和柔性化方向升级

目前我国以轻工业消费品生产为主的传统产业普遍存在大而不强、不精的问题，在高端产品领域明显缺乏竞争力。当前随着资源红利、人口红利和政策红利弱化，尤其是劳动力成本持续上升，传统产业将加速分化，一部分缺乏竞争优势的低端制造企业将遭到淘汰，一部分中小企业在细分市场做精做细，另一部分在销售渠道、品牌、产品设计、企业管理等方面具有核心竞争力或具有综合竞争力的企业则可能转型升级做大做强。随着国内生活水平的不断提高，更随着电商的加快发展，东莞庞大的终端消费品在转内销过程中面临重大机遇。经过市场淘汰，部分低端制造企业或低端制造环节或倒闭或转移，所腾出来的要素资源也有利于支撑优质企业做大做强。为此，东莞应继续抓住消费升级机遇，依托电子信息、纺织服装、食品饮料、家具、玩具等优势产业集群，着力从区域名牌、产品设计、技术改造、电子商务、信息服务、资金扶持、产业链整合和总部经济

等各方面努力提升产业水平，尤其要强化创意设计和技术创新，发展电子商务和展销平台，紧跟甚至引领消费趋势，推动产业链条向高附加值两端延伸，着力打造集产商贸信研等多种功能于一体的时尚消费产业之都，打造虎门服装、大朗毛织、长安模具、厚街家具等具有国内外影响力的区域品牌，推动传统优势产业加快转型升级；要进一步强化品牌影响建设，建立一批产业集聚规模较大、品牌影响力较强、市场占有率和销售利润率较高的强势品牌基地。

2. 顺应新一轮科技发展趋势，推进创新驱动，提升高技术化水平

其一，应瞄准新一代移动通信、云计算、互联网、卫星通信和物联网等信息技术，紧跟信息消费趋势和智慧城市发展步伐，抓住深圳产业外扩机遇，培育引进一批新型高端电子信息产业领域的龙头骨干和创新型企业，着力发展智能穿戴、人工智能及物联网、车联网、智慧城市等新兴行业，继续保持电子产业集群竞争优势。

其二，应顺应制造业向智能制造升级趋势，加快推进"机器换人"工程，积极对接周边城市重大项目配套生产，力争在发展精密、智能装备制造业上有新突破。

其三，应顺应"健康中国"和人口老龄化趋势，加快发展以生物医药和健康服务为重点的健康产业。预计医药和医疗服务行业将进入黄金发展时期。为此，东莞应重点培育引进生物医药企业，发展新药及医疗器械、基因产业、中药研发和健康产业，培育生物医药优质企业。

其四，应顺应新兴产业发展趋势，培育扶持光电、电动汽车和新材料等一批先导性产业。

3. 顺应服务业发展趋势，扶持发展现代服务企业

近年来东莞生产性服务业呈现加速发展趋势，物流、商务、金融、信息等服务业增长势头良好。东莞制造业要加快转型升级，必须依靠科技研发、创意设计、金融服务、信息服务、物流会展和电子服务等现代服务业提供强大的生产性服务支撑。应重点助推制造业与生产性服务业的加速融

合发展，积极推动科技服务、金融服务、物流服务、会展服务、创意设计、信息服务、总部经济等生产性服务体系的建设。其中，科技服务应抓住国家实施创新驱动战略契机，以提高自主创新能力为核心，支持科技研发、产品设计、质量检测、工程规划、技术推广、环境监测等行业发展，建立"组织网络化，功能社会化，服务产业化"的科技服务体系；金融服务应有针对性地引进金融机构，加大优质企业上市培育力度，积极发展创业投资、产业基金等新型金融组织，引导形成多层次的投融资平台，促进金融、科技与产业融合发展，建设和完善现代金融体系；物流服务应建设集市场、设施网络和信息体系、服务于一体的现代物流体系，将东莞建设成为珠三角地区的新兴物流中心城市；会展服务应整合东莞市会展资源，在继续发展线下会展的同时，大力拓展线上会展，把东莞打造成为工业展览之都；创意设计应着力引进和培养各类设计人才，重点发展与东莞制造业相结合的工业设计业；信息服务应抓住信息消费趋势，充分发挥信息产业集聚优势，利用信息技术加快推动产业升级，提升信息服务水平；总部经济应充分利用比较优势，积极吸引国内外大企业集团来东莞设立总部、地区总部、研发中心、采购中心、营销中心等。

（二）着力培育一批具有核心竞争力的优质企业，优化市场供给主体

东莞要培育发展优质企业，关键还是要坚持"引培并举、突出优质、统筹资源和市场主导"原则，通过重点培育发展一批产业服务机构，重点实施一批产业政策，打造一批产业园区和发展平台，切实打破"分猪肉"和"撒胡椒面"等问题，为优质企业和项目发展提供强力支撑。

1. 分类设计扶持政策和方案，有针对性有重点地培育扶持优质企业

东莞已聚集一批庞大的产业企业群，市场主体非常复杂。培育本土优质企业，应立足科学的评价标准，着眼于产业发展趋势，分类筛选一批有发展潜力的优质企业或优质项目，给予重点扶持。具体可针对当前优质企

业的重点生成领域，分三类设计扶持政策和扶持方案，重点筛选并扶持一批优质企业。一是培育发展时尚产业企业。应重点针对传统优势产业面临的技术改造、创意设计、品牌建设、流通渠道（包括展销平台、电子商务等）、产业链整合、行业协会和并购重组等方面内容，制定时尚产业发展扶持政策，整体设计时尚产业扶持发展路线图，重点筛选一批在品牌、设计、渠道、管理等方面具有核心竞争优势、行业地位突出的龙头骨干企业，作为重点扶持对象，有针对性地制定扶持发展方案。同时，依托这批企业通过并购重组或者构建产业联盟的方式进行产业链整合，带动整个传统行业加快转型升级。二是培育发展创新型企业。针对创新型企业面临的技术、资金、市场、人才、平台和综合服务等一系列共性问题，制定相应的扶持发展政策，整体设计创新型企业扶持发展路线图，从战略性新兴产业重点领域中筛选一批具有关键核心技术、产品市场前景明朗、实际成长迅速的创新型企业，给予优先扶持。三是培育发展现代服务业企业。现代服务业涉及行业非常广泛，应重点针对科技服务、信息服务、创意设计、会展服务、电子商务、高端物流、文化产业、投融资服务及研究咨询中介服务等重点服务行业，有针对性地制定扶持政策。

2. 整合生产要素资源，提升创新服务水平

创新发展，资金和人才是关键要素。进入自主创新阶段，创新的难度日趋加大，需要打通前端的创意设计研发、中端的中试和后端产业化等一系列环节。由于前端研发和后端产业化分属于不同部门进行管理，东莞可借鉴香港、广州、深圳等先进城市经验，组建半官方性质的生产力促进机构，统筹整合政府与市场的各类创新资源及服务机构，统筹利用创新发展基金，构建集多种功能于一体的综合性服务机构及服务网络。

3. 统筹成立招商服务机构，提升优质企业项目引进水平

招商引资是一项专业性很强的工作，必须整体策划，系统运作，才能不断提高质量和效益。当前，东莞市针对重大项目的招商引资，已制定《关于加强重大项目招商引资工作的意见》等"1+5"系列政策机制，但尚未针对优质企业项目制定系列政策。针对东莞市招商引资力量仍然比较分散的局面,可考虑整合相关部门的招商引资职能,统一成立东莞市招商服务机构,并以园区和片区为主体设立招商服务分局。具体的招商引资政策,应紧盯优质企业的重点生成领域,围绕"建链""补链"和"强链"思路,明确招商引资的定位和目标;同时要制定科学的招商引资标准和筛选评估标准,避免"一刀切"简单做法;构建跟踪服务管理工作机制,为重点项目进行全方位的跟踪服务;建立项目利益分成机制,促进市镇、园镇和园区之间联合招商,实现资源整合共赢局面;构建招商引资市场化机制,充分发挥各类市场主体力量。

4. 创建投融资服务中心,推动优质企业融资和并购重组

投融资和并购重组是现代企业做大做强的重要途径,尤其并购重组已成为现代企业快速发展的主要路径。一方面,当前东莞已聚集了庞大的社会资本,全市各项人民币存款余额超过1万亿元,但贷存比明显偏低,庞大的社会资本沉淀外流而未能很好地服务于东莞发展;另一方面,企业在扩大生产规模或者转型升级如产品研发、技术工艺改造、品牌和营销渠道建设过程中往往产生更大的资金需求。但由于东莞企业以制造业企业为主,普遍缺乏固定资产,投融资渠道不畅,已严重制约了优质企业的成长。接下来,随着加工制造业转型升级不断深化,相当一批中小企业将加快分化,企业基于生存、扩张或抱团发展的需要,将会加快并购重组步伐,从而将产生庞大的资金需求。整合金融资源,搭建产权交易平台,推动金融资本与产业资本有效对接,引导社会富余资金为优质企业所利用,帮助企业投资扩产或者并购重组,切实提高社会资金利用效率。

5. 强化园区平台实力,构筑综合服务和资源要素支撑

优质企业项目对区位、土地空间、科技、人才、金融等综合服务的要求很高,必须依靠重大产业集聚区和各类园区平台集聚各种功能要素。为此,应继续加大园区和产业集聚区的建设力度,有针对性地提高园区承载孵化培育重大项目的综合服务功能,推动优质企业项目向园区集聚。在加大推进四大市属园区、南城国际商务区等重点功能区域建设的同时，借鉴推广天安数码产业园、高盛科技园的发展经验，通过"三旧"改造，推动产城融合发展模式，打造一批科技创新孵化园，着力孵化发展一批中小优质企业。

（三）着力推进集体经济管理体制改革，盘活集体资产资源

目前，珠三角大部分地区完成了"村改居"，但由于制度设计、政策执行及经济文化等各方面原因，"城中村"和"半城市化"问题突出，直接影响了城市景观、城市功能、产业转型升级和基层社会融合发展。

一是体现在经济形态上，传统农村集体经济发展模式难以为继。珠三角部分地市集体经济以土地、物业租赁经营为主要收入来源，所建设的厂房铺面等物业大多建筑标准低，环境及配套设施较差，只能容留低端产业和低端就业，使社区经济和社会面貌也处于相对落后的状态，陷入"低水平均衡陷阱"。在过去30多年快速工业化过程中，东莞集体租赁经济的确发挥了重要的推动作用；但2008年后，随着加工贸易退潮和产业转型升级，大量早年形成的旧镇、旧村和旧厂房（"三旧"）已难以适应新产业的需求。在用地收紧、外延扩张难等情形下，集体经济增收普遍缓慢；股民分红要求却非常刚性，以致出现借债分红现象。

二是体现在物理空间形态上，呈现"村村点火、户户冒烟"和"城不像城、村不像村"面貌。东莞村组集体在工业化过程中使用的工业用地占比很大，并形成了庞大的物业资产。但这些厂房物业因隶属于各个村组，其建设普遍缺乏统筹规划，空间布局散乱，利用粗放低效。

三是体现在人口与社会形态上，人的城市化转变非常困难。外来人口与原村民在经济、身份、生活方式等方面形成了两个相互封闭的系统，彼此难以融合。传统村落社会结构根深蒂固。

四是在管理形态上，仍未脱离农村式管理，远未形成现代企业制度和公司治理结构。公司治理与政府行政管理职能划分不清。东莞各村社沿用

农村式社会治理方式，重宗族、血缘关系，轻现代契约关系；集体经济无论是已改制的股份合作公司还是未改制的股份合作社，都未能形成真正的公司治理结构。

东莞集体经济发达，村组两级总资产高达 1397.5 亿元，占广东省 1/3 强。① 近年来，东莞集体经济总体上处于循规蹈矩的"规范管理"阶段，改革进程明显滞后，僵化的农村集体经济管理体制机制和经营模式已严重制约了集体经济的持续发展，甚至成为阻碍产城升级的主要障碍。要激活东莞庞大的集体经济，盘活集体资金资源，必须打破目前僵化的集体经济管理体制机制，推进集体经济（农村股份合作社）向现代混合所有制企业转型。重点是深化股权改革，创新集体经济治理结构。目前，制约村（社）股份合作社成为现代企业的关键问题是僵化的平均股权制度。股权改革是解决股份合作社治理水平低下问题的关键和根本举措。通过深化股权改革，可以引进外部资本和专业人才及管理经验，打破僵化的股权制度和自我封闭状态，提高公司经营管理水平。具体实施办法可参考国企混合所有制改革，通过地方立法，推动引导部分村社先行试点探索股权流转和混合所有制改革，在获得示范成功后，逐步向全市推广，实现股权结构优化，提升村社公司资产经营管理水平。在实施改革的过程中，应重点注意以下几个方面。

1. 适度可控推进股权流转

在市场经济体制下，股权流转是股份合作公司转型成为现代市场主体的关键环节。目前，股民对股权流转、抵押、担保、继承等权能，认识不清晰，普遍不愿、不敢流出股权。可因地制宜积极探索研究制定股权流转、抵押机制，对于公司化治理水平较高的股份合作公司，鼓励股权在政策允许范围内合理流转；允许股份公司经营管理层通过回购等方式增加持股比例，个人持股的具体限额和购买价格由股东大会投票表决。针对股权

---

① 数据来源于《东莞市农村集体经济调研材料汇编》（2014—2016）。

交易不活跃的情况，可考虑在市镇资产交易平台基础上加载股权交易功能，规范保障并推动个人股权交易。在股权抵押融资上，对于那些拥有可观、稳定、可持续分红的股份合作公司，可用股份分红作为偿还贷款的保证，以充分发挥股权的资产效益。此外，也可以配合城市更新，以增资扩股方式向社会募集资金，吸引战略投资者投资入股或参与管理，提升股份合作公司竞争力。

2. 盘活用实集体股权

目前集体股基本处于虚置状态。可借鉴深圳经验，成立集体资产管理委员会，落实集体股在收益分配和重大事项表决中的权利。通过灵活安排集体资产管理委员会人员，强化对股份合作公司的引导和监管。通过用实集体股的表决权，加强对股份合作公司董事会换届选举的监督，切实选拔既能且贤的领头能人，带领公司转型发展。对于资产规模很小的公司，可探索允许经股东代表大会讨论，由股东大会表决，根据实际情况灵活处置集体股。

3. 改革集体经济治理架构

借鉴现代企业制度，完善股份合作章程，完善规章制度，鼓励条件成熟的村社按照投资公司管理的方式，或者通过与物业管理公司合作的方式，推动所有权与经营权相分离。由职业经理人和专业团队代替股份合作公司对公司资产物业进行管理；董事会主要代表全体股东履行所有权和对经营人的监督职能。完善民主管理、企务公开。公司重大决策、经营管理的重要问题和涉及股东切身利益的问题，要事先经相应的机构民主决策，并及时向股民公开。

4. 构建发展动力机制

集体经济本质上仍是能人经济，其发展与村（社）集体领导的关系非常紧密，领导往往直接影响乃至决定股份合作公司（社）的发展方向和管理水平。股权改革后，如果缺乏能人的慑服力和凝聚力，则村（社）集体往往会成为一盘散沙，集体资产迟早会因卖光分光而走向消亡。应着力制定考核激励政策，编制具体的公司岗位目标管理责任制考核方案并实施。

通过规范薪酬结构、薪酬水平、薪酬发放、薪酬扣减等事项，建立薪酬自然增长、绩效挂钩、封顶补底等机制，解决各镇街之间管理层薪酬结构不一、差距偏大、与工作绩效脱节等问题，提高公司管理层的积极性。

5. 促进产业载体更新

通过城市更新改善社区环境，是提升集体经营收入的有效途径。东莞应借鉴深圳经验，着力以城市更新和产城融合发展为带动，按照"政府规划，村社支持和市场主体"原则，通过招商引资和招拍挂等方式，推进旧村和旧工业区改造，着力发展科技孵化器、创意产业园、物流园、创客空间等产业载体和公共服务设施，推动产业载体更新，改善村社环境，盘活存量资源，提升集体经济资产价值。重点推进旧工业区改造，以土地合作方式引进优质项目，推动集体资本与社会资本融合发展，以综合整治为主，采取改变功能、拆除重建、局部拆建等多种方式，将旧工业区更新改造为创新产业载体，优化整合产业空间，提升土地和物业价值。着力推进旧村综合整治，以政府规划为主导，社区积极参与，对规划建筑基础较好的社区，实行综合整治，完善道路、管网等各项市政设施，完善公共服务设施配套，加强周边环境整治，提升社区物业素质。着力推动城市更新改造，引导村社通过公开招拍挂方式，与社会资本进行合作，建设商业住宅、高档物业，实现物业升值。

国内数字经济发展新趋势与东莞竞争策略[*]

2020～2023 年，实体经济深受冲击，但新兴数字技术得以全面广泛地渗透于经济、社会生活各领域，并与实体经济深入融合，推动数字经济成为经济增长的主要动力。目前新一轮技术革命爆发，推动数字技术与实体经济全方位、全要素、全链条融合发展，正在重新定义产业生态，重塑数字经济发展格局。未来随着国家加快布局卫星互联网和 6G 网络，数字经济将进入万物智联阶段，人工智能技术及产品包括无人汽车、智能机器人等将广泛应用于各个领域，"智能+"制造、城市、生活将成为新常态。

一 国内数字经济发展新趋势

近年来，国家高度重视发展数字经济并取得重大成效。2022 年，我国数字经济规模达 50.2 万亿元，占国内生产总值的比重提升至 41.5%，数字经济成为稳增长促转型的重要引擎。[①] 如时任工信部副部长徐晓兰表示，

---

* 本文原载《东莞咨政内参》2023 年第 7 期，由胡青善主笔完成。

① 参见国家互联网信息办公室发布的《数字中国发展报告（2022 年）》。

人工智能技术持续突破，智能时代正在加速到来。一是产业体系逐步完善，核心产业规模达5000亿元，企业数量超过4300家，智能芯片、通用大模型等创新成果不断涌现。二是基础设施加快布局，云算、智算、超算等协同发展，算力规模位居全球第二。三是拓展应用场景，推动人工智能与制造业深度融合，有力推动实体经济数字化、智能化、绿色化转型。已建成2500多个数字化车间和智能工厂，经过智能化改造，有效缩短研发周期，大幅提高生产效率。量变引发质变。随着大数据、人工智能、物联网等快速发展，国内外数字经济正加速向智能化（"人工智能+"）和虚拟化（以元宇宙为特征的新一代互联网Web 3.0）方向演绎突破。[1]

（一）数字经济加速向智能化和虚拟化方向演绎突破

1. 大模型生成式人工智能爆发，"AI+"时代来临

2023年以来，ChatGPT成为火爆全球的现象，基于大模型的人工智能应用（AIGC）进入快速发展阶段，"AI+"成为发展热潮，将深度改变办公、电商、娱乐、教育、媒体等各行各业，并引领人工智能实现从感知理解到智慧创造的跃迁。

据媒体不完全统计，在新一轮生成式AI热潮中，我国已经出现了106个大模型。[2] 2023年7月6日—8日，以"智联世界，生成未来"为主题的"2023世界人工智能大会"在上海举办。国内各大厂包括华为、科大讯飞、百度、腾讯、阿里云等加速追赶，华为的盘古、科大讯飞的星火、百度的文心一言、阿里云的通义千问等10多家基础应用大模型纷纷亮相。华为7月7日在东莞发布盘古大模型3.0，8月4日发布鸿蒙4.0及华为云昇腾AI云服务。在应用上，华为基于系统优势，与国内一批传统汽车商如赛力斯、北汽、长安等合作开发智能汽车，已成为智能汽车新标杆。阿里

---

① 时任工信部副部长徐晓兰在"2023世界人工智能大会"上的致辞，引自微信公众号新华视点，2023年7月7日。

② 任晓宁：《中国AI产业地图：谁是"大模型之都"》，《经济观察报》2023年7月15日。

云、京东等另辟蹊径,重点推出大模型调用工具魔搭 GPT,搭建魔搭社区,集聚了 180 多万名开发者和 900 多个优质 AI 模型。这些模型由 20 多家顶尖人工智能机构贡献,累计下载量突破 3600 万次。此外,随着 5G、物联网和人工智能的全面发展和国家政策配套的强力推动,工业互联网技术及应用已进入快速发展阶段。

2. 以元宇宙为主要特征的新一代互联网 Web 3.0 加速到来

元宇宙本质上是对现实世界的虚拟化、数字化过程。目前国内元宇宙技术发展日益成熟、务实,产业链逐步完善,涉及各类芯片、显示技术、传感器、全息技术、游戏、社区、数字货币、虚拟数字人、直播、在线教育、远程医疗、影视传媒、物联网、机器视觉、人工智能、区块链、云计算、数字孪生、虚拟现实、增强现实、智能穿戴、脑机接口、工业元宇宙等。

基于市场需求和沉浸式体验特征,元宇宙与文娱游戏、广告营销、旅游和教育等容易结合。目前,数字文创产业包括动漫电影游戏、数字藏品、数字旅游(博物馆、游乐园)及元宇宙场景营销等成为热点,尤其数字虚拟人正加速替代成为新网红;后续随着大模型的成熟应用,智能数字人将渗透乃至颠覆文娱、医疗、教育等各个行业,成为无处不在的应用,乃至构建与现实世界平行的元宇宙世界。

3. 国内城市纷纷竞争数字经济新赛道

目前,国内各大城市都在抢抓数字经济尤其人工智能和元宇宙领域的发展新机遇。其中,北京、上海、广州、深圳聚焦人工智能发展,厦门、成都等重点支持元宇宙产业发展,杭州等重点支持平台经济,北京、合肥、重庆、广州、深圳等一批汽车制造业城市重点支持智能驾驶,贵阳、韶关等城市则重点竞争算力中心。目前,北京已出台了《北京市促进通用人工智能创新发展的若干措施》,上海重点举办高端人工智能展会和论坛并出台专项政策,深圳重点推进人工智能产业和数字文创产业发展,广州着力布局智慧城市和智能汽车。

近年来，东莞重点从供需两侧推进"智改数转"并取得显著成效。据东莞市政府相关部门资料，截至 2022 年底，全市累计引导 4.5 万家企业实现上云上平台，推动 5191 家规模以上工业企业开展数字化转型。近 5 年，东莞市制造业市场主体"智改数转"产品、服务累计采购额达 3845.14 亿元，其中"智改数转"投入超亿元企业 178 家、超 5 亿元企业 31 家、超 10 亿元企业 17 家。[①] 尤其基于"机器换人"、智能制造的需求和制造能力，东莞近年来培育了一批智能装备和机器人企业，聚集了一大批机器视觉企业，推进工业互联网领域也取得了一定突破。2022 年，东莞市规模以上互联网和相关服务业、软件和信息技术服务业实现营收 355.74 亿元，同比增长 103.3%。[②]

不可否认的是，由于东莞制造业企业以传统制造和中小规模企业为主，在"智改"方面已落后于国内许多城市。目前受制于宏观经济低迷，东莞制造业企业普遍面临订单不足、资金紧张、产能过剩等问题，推进"智改"的意愿、动力和能力明显不足。此外，在竞争数字经济新赛道方面，相比国内诸多城市，东莞已明显滞后。

二　东莞的战略选择与竞争策略

在参与新一轮的双循环竞争中，东莞传统的"加工贸易+地租经济"模式已缺乏优势，需立足基础优势，推动数字技术与实体经济加速融合，抢抓数字经济发展的新机遇、新赛道。

（一）战略选择

数字经济正加速向"人工智能+"和"元宇宙+"方向演绎突破，接

---

① 李智勇主编《数字经济与智慧城市建设》，东软电子出版社，2022。
② 李智勇主编《数字经济与智慧城市建设》，东软电子出版社，2022。

下来 AIGC 将成为竞争重点,其涉及领域极其广泛,其中智能机器人及智能制造、智能移动终端、智能交通物流、智慧医疗卫生、智慧金融、智慧教育、智慧城市等将成为重点领域。在新一代互联网发展领域,元宇宙技术在现代服务业如数字文创、潮玩、电商等领域将发挥更显著作用。

1. 智能移动终端领域

东莞拥有华为、OPPO、VIVO 等一批强势品牌,拥有完善的产业链,接下来随着华为一系列技术突破,尤其鸿蒙 4.0、华为云、盘古大模型乃至芯片、链接等一系列技术的突破,更随着智能产品的广泛应用,智能移动终端产业很可能一改颓势,强势发展。为此,东莞需深入研究该领域发展前景,构筑产业发展高地。

2. 智能机器人和智能制造领域

随着机器学习、计算机视觉和自然语言处理的进步,智能机器人有望普遍应用,将在推进制造业的自动化过程中发挥核心作用。近年来东莞推进智能制造和工业互联网发展已有一定基础,但智能机器人主要应用于工业领域,在服务领域并不具有优势。未来随着人工智能技术的成熟,软硬件结合的服务型机器人和智能设备很可能成为新热点,为此应将其当作发展重点。智能制造方面,可重点构建产业生态圈,重点从供需两端发力,不仅要引导传统企业改造升级,更要为企业发展提供服务。

3. 智慧交通物流领域

目前自动驾驶汽车、自动驾驶卡车和无人机已进入商用阶段,未来可构建智慧交通体系,改善城市交通拥堵难题。东莞过去错过了新能源汽车发展机遇,但在新一轮的智能网联领域,华为的领头羊优势明显,中集车辆也在智能物流领域重点布局。东莞可依托华为的核心优势,依托中集车辆的制造优势,招引一批核心零部件企业落户东莞,并布局开展智能交通示范应用。

4. 智慧医疗卫生领域

人工智能融入医疗系统可以带来更高效和个性化的医疗服务,最终改善病人的治疗效果并降低成本。未来人工智能驱动的虚拟助手和聊天机器人可以提供个性化的建议、提醒和支持，甚至彻底改变医学研究和药物开发。东莞松山湖高新区已聚集一批高端智慧医疗设备生产商，可进一步推动软硬件融合发展，布局发展智慧医疗卫生产业发展。

5. 智慧金融、教育和商务等领域

大模型人工智能将广泛应用于金融、商务、教育等诸多领域。其中由人工智能驱动的聊天机器人和虚拟助理可以提供全天候的客户支持、回答询问，并协助进行常规交易；由人工智能驱动的聊天机器人和虚拟助理将为客户提供即时和个性化服务；由人工智能驱动的智能辅导系统可以为学生提供个性化的指导和支持。

6. "元宇宙+"系列产业领域

元宇宙应用场景在数字文创等领域有突出效果。与国内先进城市相比，东莞元宇宙产业发展明显滞后。围绕元宇宙技术及应用，东莞应重点出台专项政策，从供需两端进行支持，将元宇宙与电商、潮玩等紧密结合，重点发展数字文创、智能数字人、数字藏品产业。探索推动元宇宙硬件和场景双重创新。鼓励组建元宇宙创新联合体，开发 3D 扫描设备、工业相机、VR/AR 设备、触觉手套、脑机接口等新型智能硬件。支持创建省级制造业创新中心，开展技术创新、产业研究、场景建设、供需对接及应用推广。鼓励工业龙头企业牵头搭建工业元宇宙平台，开展虚拟设计、虚拟工厂、虚拟测试空间、虚拟产品优化、数字虚拟人、虚拟工业服务、沉浸式培训等应用场景探索，由"虚"向"实"指导和推进工业流程优化和效率提升。

7. 产业互联网平台领域

目前产业互联网平台已渗透至各个领域，杭州高度重视互联网平台经济发展。东莞要推进"数转"，就必须支持互联网平台尤其产业互联网与传统企业深化合作，在电子商务、生活服务、物流、文化旅游、大宗商品等重点领域培育一批行业领先的平台企业，打造覆盖网络零售、服务交

易、供应链服务等环节的行业平台生态体系。

（二）政策建议

第一，加强学习，重视数字经济。数字经济属于新兴且综合性很强的科技产业，应加强调查研究和学习，把握其发展态势和内在规律。

第二，聚焦重点，加强政策引导。目前东莞市出台的数字经济规划和政策未能聚焦重点领域，也缺乏切实有效的措施。可考虑统筹工信、数据管理、科技等相关部门力量组建领导小组及办公室，统筹协调制定针对人工智能、新一代互联网发展等的产业政策，明确产业发展目标和重点任务，引导各界集聚资源，形成发展合力。发挥财政资金杠杆效应，成立专项产业投资基金，撬动本土和外来资本支持本土企业创新发展。

第三，引培结合，支持创新创业。重点筛选培育一批数字经济领域的"专精特新"小巨人企业，培育一批中小微创业企业，支持开源社区建设，构建具有竞争力的产业生态。

第四，打造平台，赋能小微企业。重点支持打造一批数字经济领域的示范基地，努力完善产业生态体系。引导支持平台企业、行业龙头企业整合开放资源，以区域、行业、园区为整体，共建数字化技术及解决方案社区，打造行业互联网平台，赋能中小微企业数字化转型。

第五，突出示范，推广应用实践。总结"智改数转"经验，借鉴北京、上海、深圳等城市的做法，重点以场景应用聚集技术服务。依托华为核心竞争优势，吸引关联企业在东莞集聚发展；结合潮玩产业，打造具有规模效应的元宇宙应用场景。

图书在版编目（CIP）数据

东莞产城发展研究 / 胡青善等著 . -- 北京：社会
科学文献出版社，2024.7. --（东莞"双万"新起点社
会科学丛书）. -- ISBN 978-7-5228-3911-0

Ⅰ. F299.276.53

中国国家版本馆 CIP 数据核字第 2024MB9212 号

· 东莞"双万"新起点社会科学丛书 ·

东莞产城发展研究

著　　者 / 胡青善 等

出 版 人 / 冀祥德
责任编辑 / 黄金平
责任印制 / 王京美

出　　版 / 社会科学文献出版社 · 文化传媒分社（010）59367004
　　　　　　地址：北京市北三环中路甲 29 号院华龙大厦　邮编：100029
　　　　　　网址：www.ssap.com.cn
发　　行 / 社会科学文献出版社（010）59367028
印　　装 / 三河市尚艺印装有限公司

规　　格 / 开　本：787mm×1092mm　1/16
　　　　　　印　张：14.5　字　数：208 千字
版　　次 / 2024 年 7 月第 1 版　2024 年 7 月第 1 次印刷
书　　号 / ISBN 978-7-5228-3911-0
定　　价 / 88.00 元

读者服务电话：4008918866